교회와
성도들에게
꼭 필요한
성막의 비밀

성막,
하나님을
꿈꾸다

Tabernacle,
Dreaming with God

하나님을 만나는 거룩한 처소

하나님을 만나는 거룩한 처소 — *Tabernacle, Dreaming with God*

성막, 하나님을 꿈꾸다

초판	1쇄 발행 2022년 5월 15일
지은이	최승목
펴낸곳	㈜글로벌워십미니스트리
편집	편집팀
디자인	이영숙
전화	070) 4632-0660
팩스	070) 4325-6181
등록일	2012년 5월 21일
등록번호	제 387-2012-000036호
이메일	wlm@worshipleader.kr
판권소유	ⓒ도서출판 워십리더 2022
값	18,000원
ISBN	979-11-88876-50-1 03230

"도서출판 워십리더는 교회와 예배의 회복과 부흥을 위해 세워졌습니다. 예배전문 출판사로서 세계의 다양한 예배의 컨텐츠를 담아 문서선교의 사명을 감당할 것입니다. 한국교회의 목회자, 워십리더, 예배세션뿐만 아니라 모든 크리스천들이 하나님의 임재를 경험할 수 있도록 열정을 다하고 있습니다."

『이 책의 판권은 저자와의 독점 저작권 계약을 한 (주)글로벌워십미니스트리에 있습니다. 신 저작권법에 의해 한국 내에서 보호받는 저작물이므로 어떤 사유로도 무단전제와 복제를 할 수 없습니다.』
(Printed in Korea)

교회와
성도들에게
꼭 필요한
성막의 비밀

성막,
하나님을
꿈꾸다

Tabernacle,
Dreaming with God

하나님을 만나는 거룩한 처소

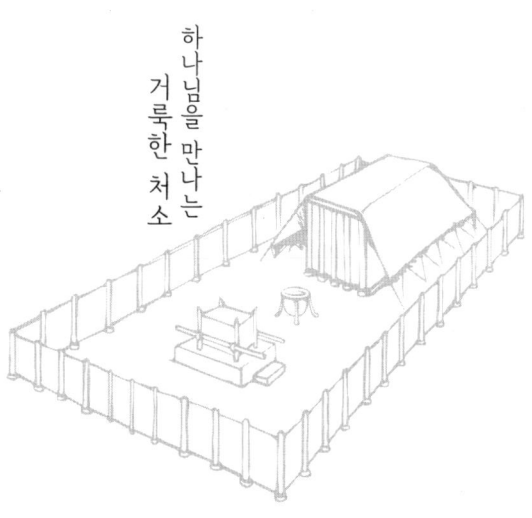

worshipleader 워십리더

추천사

　구약 시대 이스라엘 백성들은 절기 때 성전에 가서 제물을 드리는 제의 중심의 신앙생활을 했습니다. 성막은 출애굽 시대 이스라엘 백성들이 광야 생활을 할 때 이동하는 성전이었습니다. 하나님은 희생제물의 피로 이스라엘 백성들의 죄를 덮어 주셨습니다. 대제사장은 해마다 대속죄일에 온 이스라엘 백성들의 죄를 용서받기 위해 휘장을 열고 지성소에 들어가 희생제물의 피를 속죄소에 뿌렸습니다.

　이와 같은 구약 시대 이스라엘의 제의는 예수님의 십자가와 부활을 통해 변화되었습니다. 예수께서 이 땅에 오셔서 십자가에 친히 피를 흘려 죽음으로 우리의 죄를 씻어 주심으로 이제 우리는 구약의 제사를 드리지 않고 예수 그리스도를 믿음으로 구원을 받게 되었습니다. 구약 성경에 성막과 제사 그리고 절기에 대한 기록이 많이 있음에도 불구하고 이제는 과거의 것처럼 치부되어 버렸습니다.

　하지만 구약 시대에 제의를 통한 이스라엘 백성의 구원과 예수 그리스도를 통한 인간의 구원에는 하나님의 공통된 구속원칙이 있습니다. 그것을 우리는 이 책에서 배울 수 있습니다. 성막과 제사 그리고 절기에 대한 올바른 이해는 예수 그리스도를 통한 구원의 의미를 더욱 명확하게 깨닫도록 합니다.

최승목 목사님은 이 책을 통해 성막의 여러 요소와 제사의 종류, 그리고 이스라엘의 7대 절기가 예수 그리스도의 구속 사역과 얼마나 밀접한 관계를 갖는지를 잘 소개하고 있습니다. 최승목 목사님은 감리교 신학대학교와 클레어몬트 신학 대학원(Claremont School of Theology), 그리고 인터내셔널 신학대학원(International Theological Seminary), 연합 신학대학원(United Theological Seminary)에서 신학 공부를 하고 현재 뉴욕 주의 수도인 올바니(Albany)에서 사랑의 교회를 담임하고 있으며, 방송 설교와 신문칼럼 라디오 칼럼 그리고 여러 책을 통해서 복음을 전하고 있습니다.

　최승목 목사님은 그동안 성막에 대한 연구를 꾸준히 해오면서, 이번에 성막과 제사 그리고 절기에 관한 구약 성경의 내용을 예수 그리스도의 구원 사역과 연결하여 이해하기 쉽게 풀이한 훌륭한 책을 출판하게 되었습니다. 진심으로 축하를 드립니다. 이 책을 통해 구약 시대부터 이미 계획하신 예수 그리스도를 통한 하나님의 놀라운 구원의 섭리를 깨닫고 오늘 우리에게 주시는 하나님의 음성을 듣고 하나님 나라 확장을 위한 사명을 잘 감당해 나갈 수 있기를 기대합니다.

전 국제성서박물관장 PhD.
임봉대 박사

서론

나는 어렸을 때부터 교회에서 먹고 자며 성장했다. 교회가 나의 집이었다. 당시 나를 영적으로 양육해 주신 백향목 목사님께 지금도 깊은 감사를 드린다. 나는 교회에서 잠을 자며 사무엘을 종종 생각했었다. 성전에서 잠을 자던 사무엘이 '사무엘아, 사무엘아'하는 하나님의 음성을 들었듯이, 나도 교회에서 밤마다 하나님을 꿈꾸며 주님의 음성을 듣기 원했다. 그리고 매일 성경을 읽고 성경을 배우며 하나님이 원하시는 교회, 하나님이 원하시는 세상, 하나님이 원하시는 나를 만들어가기 원했다.

어린 시절 어머니와 함께 전국 곳곳의 기도원들을 다니며 부흥회를 참석 했었다. 한국 중앙 기도원에서 처음 최복규 목사님을 통해 성막에 대해 배운 이후로, 내가 속해 있는 감리교단의 강문호 목사님을 통해서 성막에 대해 배웠다. 그리고 2004년 미국으로 이민을 와서 미국 펜실베이니아 랭캐스터 지역의 아미쉬 마을을 방문해 메노나이트 지역에서 성막 모형을 접하고 성막에 대해서 더 구체적으로 공부하게 되었다. 이후 임봉대 박사님을 통해 성막에 대한 학술적인 도움을 받았다. 임 박사님은 독일 하이델베르크 대학과 미국의 Graduate Theological Union(GTU)에서 구약을 공부해 박사 학위(PhD)를 받은 분으로 한국에서 감리교 신학대학을 비롯한 여러 곳에서 구약을 강의하셨으며, 국제 성서 박물관 관장을 역임하셨다.

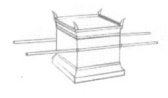

　나는 지난 20여 년간 중국 지하 신학교에서 성령과 성막을 강의해왔는데, 지난해 성령에 대해 정리한 책 『성령님과 함께하는 브런치』를 출간했으며, 이번 『성막에서 하나님을 꿈꾸다』를 출판해 성경의 비밀과 말씀의 구속사적 해석에 대해서 기술하게 되었다.

　이 책을 통해 많은 분들이 예배와 제사 그리고 기독교 신앙의 본질을 찾는 시간이 되기를 소망한다. 그리고 사무엘이 성전에서 하나님을 꿈꾸고, 내가 교회 조그만 방에서 하나님을 꿈꾸었던 것처럼, 이 글을 읽는 독자들이 성막에서 하나님을 꿈꾸기를 기원한다.

미국 뉴욕 주 올바니(Albany)에서
최승목 목사

차례

추천사 … 4

서론 … 6

제1부 성막

- 성막 설계도 … 12
- 성막의 재료: 조각목 … 23
- 번제단 재료: 놋쇠, 채, 고리, 그물 … 30
- 제물 … 34
- 물두멍 … 43
- 떡상 … 54
- 금등잔 … 67
- 분향단 … 78
- 성막의 덮개, 널판, 그리고 울타리 … 87
- 성서의 숫자의 의미: 기둥의 숫자 … 98
- 법궤(아론의 지팡이, 만나, 십계명) … 116
- 대제사장 … 129

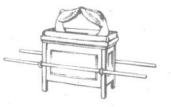

제2부 5대 제사

- 번제(燔祭) … 144
- 소제(燒祭) … 149
- 화목제(和睦祭) … 159
- 속죄제(贖罪祭) … 168
- 속건제(贖愆祭) … 177

제3부 7대 절기

- 유월절(The Passover) … 184
- 무교절(The Feasts of Unleavened Bread) … 193
- 초실절(The Feasts of First Fruit) … 204
- 맥추절(The Feast of Harvest) … 207
- 나팔절(The Feast of Trumpet) … 216
- 대 속죄일(The Day of Atonement) … 225
- 초막절(The Feast of Tabernacles) … 229

제1부

성막

성막 설계도

모세가 시내 산에서 받은 것이 세 가지다. 우리에게 잘 알려져 있는 '십계명'과 '율법 613가지' 그리고 '성막 설계도'다. 출애굽기 25장 1-9절에 보면 하나님께서 모세에게 시내 산에서 보인 식양대로 곧 설계도를 따라 성막을 지으라고 하셨다.

이 성막이라고 하는 것은 일반적인 천막으로 지어진 것으로 이것이 하나님께 예배드리는 장소로 특별 제작되었기 때문에 '성막(聖幕)'이라고 한다. 영어로는 'tabernacle, holy tent'다. 이 성막은 지금으로 말하면 쉽게 '교회'라고도 말할 수 있다.

교회는 성경에서 성막, 회막, 법막, 증거막, 천막, 장막, 교회, 교회당, 성전, 성소, 회당으로 불리며, 현대 용어로는 '예배당'이라고 할 수 있다. 이것을 어떻게 부르든 결국은 같은 것이다. 교회는 눈에 보이는 '가시적 교회(visible church)'가 있고, 영적이며 신령한 '보이지 않는 교회(invisible church)'가 있다. 엄격히 구분한다면 우리가 거하는 교회 건물은 교회당, 예배당, 성전이 맞으며, 사실 신싸 예수님이 말씀하신 교회는 "하나님의 부르심을 받은 성도 자신"이라 할 수 있다. 교회를 신약에서 원어로는 '에클레시아'라고 하는데 이는 '하나님의 부르심 받은 자'를 말한다. 여러 사람들이 하나님 앞에 회개할 목적으로 모여 조직을 한다면 그것이 교회가 되는 것이다.

유대인들은 최소 인원 10명이 모이면 '민얀'이라고 하여 회당을 세울 수 있는 조건이 된다. 소돔과 고모라는 여러 가지 이유가 있지만 정확히 의인 10명이 없어 멸망당했다고 볼 수 있다. 이 말의 뜻은 그 지역에 회당 하나 세울 수 없는 곳, 즉 교회가 없던 곳으로도 현대적으로 재해석할 수 있을 것이다. 노아의 방주 사건도 의인 10명이 없어서 전 인류가 멸망한 사건이다.

노아의 방주에 들어간 수는 오직 8명뿐이었다. 한자로 "배"를 보면 '船(선)'으로 8명의 사람이 타고 있음을 나타내고 있다. 한자의 기원이 주전 2,500년이고 이 한자에 창세기의 기록이 남아 있다고 주장하는 분이 넬슨(E. R. Nelson) 박사다. 배 '선(船)'은 배 '주(舟)'에 여덟 '팔(八)', 입 '구(口)'가 합쳐져 만들어진 한자어로 배에 8명이 탔다

:: 성막의 모습

는 뜻이다. 이것은 인류 역사에 부끄럽고 아픈 기억으로 공통적으로 갖게 되었다.

사도바울은 빌립보에서 10명이 모이지 못해 강가에서 기도 모임을 가졌다가, 루디아를 만나 그녀의 집에서 10명 이상이 예배 모임을 가졌다. 성막을 공부함은 한마디로 '교회는 무엇인가?'를 본질적으로 알게 하는 것이다. 이는 교회를 어떻게 구성해야 되는지, 교회를 어떻게 운영하고 설립해야 되는지를 분별하게 한다.

하나님은 교회를 통해 복을 주시고, 교회를 통해 영광을 받으신다. 우리는 어떻게 해야 교회를 통해 복을 받고. 하나님은 어떤 교회에 함께 하시고, 어떤 교회에 함께 하시지 않는가? 우리는 성막을 통해 분별할 수 있다.

교회는 어떻게 설립되는 것인가? 성경에는 교회를 세우는 것은 예수님이라고 하셨다. 다시 말해 하나님이 세우시는 것이다. 하나님이 직접 세우는 것이 아니라 부르심을 받은 우리에게 명령하고 그에 우리가 화답하고 순종해서 하나님의 교회를 세우는 것이다. 교회를 운영하는 것도 하나님이 운영하시는데 하나님이 세우시고 하나님이 운영하시는 것이다. 출애굽기 25장 1절에 보면, 성막을 지을 때 예물을 가져오라 하였으니, 교회는 성도들의 헌신으로 세워지는 것이다.

성막을 세우는 것은 외형적으로는 오늘날 교회나 성전을 세우는 것과 같다. 바로 하나님의 백성들에게 명령해서 예물을 가져오게 하였듯이, 지금의 교회는 성도들의 정성 어린 헌금을 모아 성전을 짓는데 무릇 즐거운 마음으로 내는 자의 것을 받는다고 했다. 그러므로 억지로 하는 것이 아니라 자원함과 기쁜 마음으로 해야 하는 것이나.

성전은 즐거운 마음으로 드리는 것만 받아서 짓는 것이다. 억지로 또는 체면 때문에 한다면 이것은 하나님이 받지를 않으시며, 받지 않는 것으로 진행된다면 하나님이 역사하지 않고 문제의 원인이 될 수 있다. 언제나 기쁜 마음으로 감사하는 마음으로 드려야 하나님께 상달된다.

출애굽기 25장 3-40절에 "너희가 그들에게서 받을 예물"에 대해 말씀하시면서 금과 은과 놋과 다양한 예물이라고 명시하고 있으며, 모두 16가지로서 헌물 내용은 헌금이 없으면 하나님은 다른 물질도 받으신다는 것을 알 수 있다. 나의 어머니는 아버지 취업을 위해 기도하면서 결혼반지를 드렸었다. 또한 내가 어렸을 때, 병아리를 잘 키워 굶주린 목사님을 위해 닭을 예물로 봉헌해보았다. 그리고 목회하는 동안 은퇴 자금을 깨뜨려 성전 건축에 동참한 분과 본인의 집을 정리해서 드린 경우도 있었다.

하나님의 교회를 위해서 헌금, 현금, 모든 물건을 다 모아 성전 건축에 동참하니 이는 물질의 많고 적음의 문제가 아니라 마음가짐에 달려 있음을 알 수 있다. '너희 가진 좋은 것을 바쳐라'고 했으니 내 마음의 중심이 중요한 것이다. 제사라는 것은 반드시 제물이 있어야 되고, 과거 우리 선조들은 알지 못하는 신에게 제사를 지낼 때에도 제사음식이 없으면 정한수(깨끗한 물 한 그릇)라도 떠 놓고 제사를 지냈다.

성전을 건축하는 것은 누구를 위해서 하는 것인가? 이는 첫째, 주를 위해서 하는 것이고, 둘째, 나를 위해 하는 것이다. 부모님이 잘되면 자식이 수지를 맞고, 결국 이는 또한 나와 우리 자녀를 위한 것이 된다. 부모님이 기쁘면 자식이 축복을 받는 것이다. 하나님을 기쁘게 하는 것이 우리 자신에게 축복이 된다.

성막은 우선 상징과 은유, 비유로 풀어 나가는데, 우리 하나님은 모든 말씀을 비유로 말씀하셔서 비유와 상징을 깨닫지 못하면 하나님의 본질적인 뜻을 알 수 없다. 성막은 천국을 상징하고, 성막은 다른 말로 성전, 교회로 부를 수 있으며, 이는 천국의 모형으로 이해되고 더 나아가 성막 자체가 나를 조명하고 있다는 사실이 성경에 나와 있다. 성막은 눈에 보이는 가시적 성막이 있고 그 속에 숨겨진 보이지 않는 성막에 예표와 상징의 뜻이 있다. 교회당 역시 눈에 보이는 것을 말하지만 사실은 더 궁극적으로 보이지 않는 교회가 참 교회이며, 이는 예수를 주로 시인하는 공동체를 묘사하며, 천국을 묘사하고 가리킨다.

성경은 하나님 자신이 성막이요 성전이라고 했다. 하나님, 예수님 자신이 '집'이라고 성경 곳곳에 기록되어 있다. 요한계시록 21장에 보면 성안에 성전을 보지 못했다고 했는데 예수님 자신이 성전임을 알 수 있다. 별도의 집이 없다는 것은 성안에 별도의 집이 없고 그 자체가 집인 것을 알 수 있다. 또한 그 곳에 사는 자들 자체를 장막이라고 하였다.

"짐승이 입을 벌려 하나님을 향하여 비방하되 그의 이름과
그의 장막 곧 하늘에 사는 자들을 비방하더라"

(요한계시록 13:6)

즉, 하늘에 거하는 자들이 장막이요, 그곳을 '천당'이다. 즉, 교회가 부르심을 입은 자들의 모임인 것과 마찬가지로 천국으로 부르심을 입은 그 자체를 '천국 장막'이라고 부르는 것이다. 천국 자체가 하나님의 장막이며 성막이다. 우주는 한자어로 집 '우(宇)', 집 '주(宙)'로서 그 자체가 집이다. 우주가 '집' 그 자체인 것이다. 영어로는 '코스모스(cosmos)'로 우주가 '하나님의 집'이라 할 수 있다.

"그리스도께서는 장래 좋은 일의 대제사장으로 오사 손으로 짓지 아니한 것 곧 이 창조에 속하지 아니한 더 크고 온전한 장막으로 말미암아"(히브리서 9:11)

장막, 곧 예수 그리스도를 '장막'이라고 했다. 따라서 천국을 알려면 장막을 풀어야 하고, 장막을 풀면 천국이 풀리게 된다. 하나님 자신이 성전이며 천국이 성전이 된다. 천국과 성전, 성막은 같은 것이다. 이와 같이 천국, 성전, 성막, 예수님은 같은 것이다.

성경은 '주님의 몸된 교회'라고 하는데 이 교회가 주님의 몸이면, 교회는 다시 주님 그 자체인 것이다. 나의 몸이면 그것이 나 자신이지 다른 것이 되는 것이 아니다. 그러므로 눈에 보이는 성전과 그렇지 않은 성전이 있으며, 눈에 보이는 주님과 눈에 보이지 않는 주님으로 나눌 수 있다.

"예수께서 대답하여 이르시되 너희가 이 성전을 헐라 내가 사흘 동안에 일으키리라"(요한복음 2:19)

예수님의 이 말씀은 예수님 자신이 성전임을 말한 것이며, 예수님이 죽으면 삼일 만에 다시 살아 날것을 말한다. 사람들은 예수님이 성전을 헐라고 했을 때, 솔로몬이 지은 것(스룹바벨이 재건축 한 제 2성전)을 헐라는 것으로 알고 흥분했지만, 사실 예수님은 눈에 보이는 건물 성전이 아니라 눈에 보이지 않는 성전 자신을 말했던 것이다.

따라서 '성막론'은 '교회론'이 되고 이는 '천국론'이 되며 이것은 다시 '그리스도론'이 된다. 고린도후서 5장 1절과 4절을 보면 장막 집(우리 몸)이 무너졌다고 표현됐는데, 이는 내가 죽는 것을 말한다. 장막 안에 하나님을 모시고 살면 이 장막이 또한 성막이 되는 것으로 내가 다시 성막이 되는 것이다.

> "만일 땅에 있는 우리의 장막 집이 무너지면 하나님께서 지으신 집 곧 손으로 지은 것이 아니요 하늘에 있는 영원한 집이 우리에게 있는 줄 아느니라"(고린도후서 5:1)

> "참으로 이 장막에 있는 우리가 짐진 것 같이 탄식하는 것은 벗고자 함이 아니요 오히려 덧입고자 함이니 죽을 것이 생명에 삼킨 바 되게 하려 함이라"(고린도후서 5:4)

고린도후서 5장 4절에 우리 자신이 성막이라고 했고, 고린도전서 3장 16-17절에는 우리가 하나님의 성전이므로 하나님의 성전을 더럽히면 우리를 멸하신다고 하였다. 이로써 우리는 우리 몸이 하나님의 성전임을 확인할 수 있다.

"너희는 너희가 하나님의 성전인 것과 하나님의 성령이 너희 안에 계시는 것을 알지 못하느냐 누구든지 하나님의 성전을 더럽히면 하나님이 그 사람을 멸하시리라 하나님의 성전은 거룩하니 너희도 그러하니라"(고린도전서 3:16-17)

따라서 성막은 결국 나에 대한 것으로 귀결된다(베드로전서 1:13-14, 에베소서 2:2, 히브리서 9:24).

"그러므로 너희 마음의 허리를 동이고 근신하여 예수 그리스도께서 나타나실 때에 너희에게 가져다 주실 은혜를 온전히 바랄지어다 너희가 순종하는 자식처럼 전에 알지 못할 때에 따르던 너희 사욕을 본받지 말고"(베드로전서 1:13-14)

"그 때에 너희는 그 가운데서 행하여 이 세상 풍조를 따르고 공중의 권세 잡은 자를 따랐으니 곧 지금 불순종의 아들들 가운데서 역사하는 영이라"(에베소서 2:2)

"율법을 따라 거의 모든 물건이 피로써 정결하게 되나니 피흘림이 없은즉 사함이 없느니라"(히브리서 9:24)

성막에 대해 알게 되면 교회에 대해서, 천국에 대해서, 하나님과 어린양 예수에 대해서 그리고 나에 대해서 알게 된다. 하나를 알면 열을 아는 것이 아니라 하나를 알면 우주 전체를 알게 되고, 인간은 소우주이므로 인간을 이해하면 우주를 이해하게 된다.

또한 한번 들으면 한 가지 깨닫는 것이 아니라 하나님과 영적으로 통하고 사람과 통달하고 사업을 해도 물질과도 통달하게 된다. 그러므로 하나님과 신통, 사람과 인통, 물질과 물통하며 두루 두루 만사형통하게 된다. 신통, 인통, 물통, 만사형통의 삶을 영위하게 되는 것이다.

성막이라는 것은 하나님께서 인간에게 만들게 하셨다. 하나님이 직접 설계도를 주셨다는 것은 거기에 하나님의 신적인 지도가 있음을 말하고 있다.

BC 1600여 년 전, 지금으로부터 약 3600년 전 하나님이 모세를 선택하셨다. 이집트에서 400년간 노예로 종살이 하면서 고생하며 울부짖던 이스라엘 민족의 소리를 들으시고 그들을 건져 내셨는데, 그때 모세 나이가 80세였다. 당시 장정만 60만으로, 남녀 약 300만 명

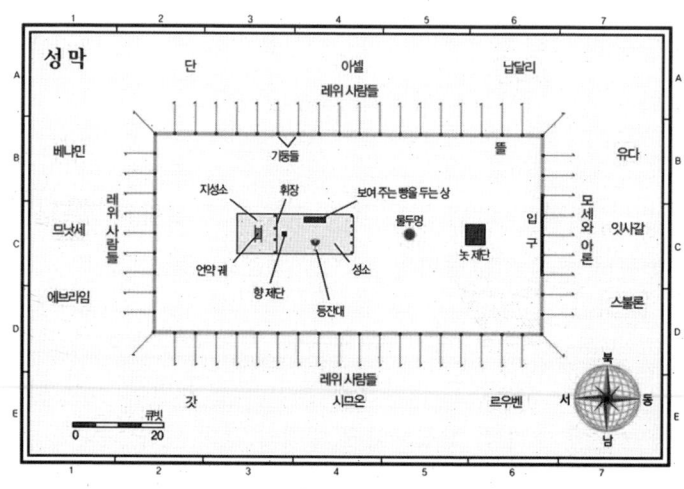

:: 성막 설계도

을 출애굽 시켜 이끌어 내었기에 이것이 집단적 구원이라 할 수 있다. 하늘에서 내리쬐는 태양, 뜨거운 모래사막, 물도 없고, 풀도 없고, 나무도 없고, 황폐한 그곳은 사람 살 수 없는 곳으로 하나님은 그 광야로 모세를 인도하셨다.

그 곳 광야를 지나가다 보면 가끔 오아시스가 나오는데 그곳을 근거지로 삼고 그곳에서 생수로 목을 적시고 또다시 젖과 꿀이 흐르는 땅으로 방랑의 유목민 생활을 하게 되었다. 그렇게 사막에 사는 그들을 베드윈 족(bedouin)이라 했는데 이들은 밤하늘의 별을 보고 자신의 위치를 가늠하고 사막에 쌓아놓은 돌들을 통해 이정표를 삼고 사막의 가끔씩 보이는 풀 가운데 어느 초목이 독초인지 어느 것이 먹을 수 있는 풀인지 구분해내는 능력을 가지고 있다.

모세는 그런 사막에서 베드윈 족 제사장 이드로의 딸 십보라와 결혼했다. 그는 그곳에서 매우 신기한 경험을 했다. 호렙산에서 가시덤불 떨기나무에 불이 붙었는데 타지 않았으며 그 속에 하나님이 함께 계심을 만나게 된 것이다. 그곳에서 그는 거룩성을 경험하게 되었다. 하나님은 모세에게 네 신을 벗으라고 해 그를 거룩하게 구별하여 하나님의 종으로 삼으셨다. 고대에서 신발을 벗는 것은 '종'을 뜻했다. 하나님을 만났으며, 하나님의 영광이 모세에게 비춰고 그의 얼굴에 광채가 나타났다. 그곳에서 모세는 십계명, 율법, 그리고 성막 설계도를 받았다.

"너는 산에서 보인 양식대로 성막을 세울지니라"

(출애굽기 26:30)

시내산에서 '너희에게 보여준 식양(설계도)대로 성막을 만들라'고 하신 말씀에 주목할 필요가 있다. 앞에서 교회는 눈에 보이는 교회와 눈에 보이지 않는 교회가 있다고 했다. 성막은 눈에 보이는 교회로 이 교회를 통해서 눈에 보이지 않는 교회가 어떠한 교회로 지어져야 하는지를 깨달을 때 성막의 참 목적이 성취 된다. 이것을 깨달으면 하늘의 이치를 깨닫고 하나님과 예수님 그리고 나 자신을 깨닫게 된다.

따라서 우리 마음에 보이지 않는 영적 교회를 짓는 것이 더 중요하며 내 마음대로 짓는 것이 아니라 하나님이 설계하신 그대로 지어야 하는 것이다. 하나님 말씀이 설계도이므로 성경 말씀대로 우리를 지어야 한다. 집을 짓는 사람은 설계도대로 지어야 되며, 자기 맘대로 지으면 준공검사에서 불합격을 받는다. 불합격해 사용 못하는 성전이 되면 헐어 버리고 결국 버림받게 된다. 그동안의 모든 노력과 수고가 헛수고가 되며 무효가 된다. 그러므로 처음 설계도대로 기초석을 잘 놓는 것이 중요하다.

우리도 신앙을 건축하고 있다. 하나님의 역사 속에 만들어주신 66권의 설계도를 잘 살펴보고 설계도대로 영과 마음을 건축해야한다. 우리는 주일마다 설계도를 배우고 검사받고 건축 중에 있는 것이며, 이것의 완성이 천국 입성의 완성이 된다. 천국 입성의 시작이 되는 것이다. 이제 이 과정을 통해 내 자신이 설계도 대로 지어졌는지, 내 마음대로 지었는지 살펴봐야할 것이다.

성막의 재료

▎조각목

우선 이 성막의 재료는 조각목이다. 내가 사역했던 팜스프링스 지역 사막에 살면서 보아온 이 조각목은 도저히 사용할 수 없는 아무짝에도 쓸모없는 나무들이었다. 하나님은 성막을 조각목으로 지으라 했는데, 조각목은 아카시아 나무로서 얇고 가시가 많고 도저히 건축자재로는 쓸 수 없다. 더욱이 사막의 아카시아 나무는 가시만 앙상하고 질기고 독한 나무로 장작 외에는 쓸 곳이 없는 나무다. 이렇게 도저히 사용할 수 없는 재료로 성막을 지었는데 이는 의미하는 바가 크다.

하나님이 노아 방주는 잣나무로 짓게 하셨고, 솔로몬이 지은 성전은 레바논 백향목으로 지었는데, 왜 광야 교회만 조각목으로 짓게 하셨을까? 물론 광야에 조각목 밖에 없었다. 전혀 쓸모없고, 나무 중에 질도 제일 좋지 않았다. 그런데 이것을 다듬고 금으로 싸서 쓰는 것이다.

:: 조각목

이것이 바로 교회다, 이것이 바로 인간의 모습을 상징한다. 도저히 쓸모없는 인간들을 다듬어 금으로 싸서 사용하니 인생은 그 자체가 은혜라고 밖에 설명할 수가 없다.

번제단

성막은 기초 재료가 쓸모없는 조각목이요, 그것을 다듬어 금으로 싸서 기초를 쌓는다. 그렇게 성막을 만들고 울타리를 만들고 해서 성막 울타리 안으로 들어가면 제일 먼저 맞이하게 되는 성물이 있는데 그것이 '번제단'이다. 출애굽기 27장 1-9절에 보면 이 제단에 대해서 자세히 설명을 하고 있다. 이 제단이 번제단이며 불의 제단을 뜻하는데 여기서 피의 제사를 지내기에 '피의 제단'이라고도 한다. 짐승을 죽여 '희생의 제단'이라고도 하고, 놋으로 제작하기에 '놋제단'이라고도 한다.

제단이라는 것은 제물을 바치는 곳으로서 그 자체가 제사가 되는 것이다. 모든 제사에는 반드시 제물이 있어야 하는데, 제물이 없으면 정한수라도 떠 놓고 제사를 지낸다. 따라서 제사의 핵심 성물이 제단이다. 이 제단은 반드시 불의 제단이 되어야 하

:: 번제단

며, 이 제단을 통해서 하나님과의 만남을 갖게 되며 이것을 통해 인간의 생사화복이 확정되기 때문에 이 제단을 모르고서는 성경에서 말하는 영적 복은 절대 받지 못한다. 우리의 신앙생활도 제단 생활이라고 할 수 있다. 그러므로 제단을 배운다는 것은 올바른 신앙생활과 하나님이 원하시는 예배를 알아가는 것이다.

지금 우리가 섬기는 감리교 제단뿐만 아니라 장로교 제단, 순복음 제단, 또는 각 교회 이름으로 사랑의 교회 제단, 온누리 제단 등이 있으며, 이 제단은 다양하게 오늘날에도 사용되고 불린다. 가정에서 예배를 드리면 가정 제단이라고 하며, 새벽에 예배를 드리면 새벽 제단, 철야를 하면 철야 제단이다. 즉, 예배 드리는 곳을 제단이라고 하는데 교회가 '제단'이 된다. 그리고 나라를 위해 예배를 드리면 민족 제단이 되는 것이다.

제단을 다시 현대적으로는 '교회당'이라고 부를 수 있으며, 성경적으로는 성소, 회막, 법막, 증거막, 성막, 성전 등 다양하게 불리지만 사실은 다 같은 것이다. 즉 교회를 여러 가지로 명명할 수 있으며, 이를 우리는 다시 제단이라고 부를 수 있다.

교회는 에덴동산에서 시작되었다. 그래서 에덴 교회, 새에덴 교회

라는 이름을 주변에서 흔히 볼 수 있다. 하나님의 자녀가 하나님께 예배 드리는 장소가 바로 교회당이 되고 예배 드리는 사람 자체가 교회가 되며, 예배 드리는 장소는 제단이 된다. 결국에는 다 같은 말이다.

그러므로 처음 예배 드린 교회를 에덴동산 교회라고 볼 수 있다. 에덴 교회뿐만 아니라 동산교회라는 말도 흔하게 볼 수 있다. 에덴이라는 말은 '기쁨'이라는 말이다. 하나님은 우리를 기쁨 가운데 살게 하셨고, 교회의 본연의 모습은 기쁨의 회복이다. 동산의 뜻은 '보호하다'는 뜻이며, 에덴과 교회는 보호해주는 기능이 있다. 인류 최초의 모습은 제사장이 없고, 왕도 없고, 따라서 가장이 제사장 역할을 했다. 아마도 미국 펜실베이니아 랭캐스터 지역의 메노나이트 사람들이나 아미쉬 인들이 아버지를 중심으로 가장 중심의 예배를 드리고 가장이 제사장이 되는 것처럼, 최초의 예배도 그러한 형식이었다.

가장이 왕이고 가장이 선지자였다. 당시에는 씨족 사회였기에 부족 교회, 또는 가정 교회였다. 가정도 하나의 교회인 것이다. 가정에서 어머니가 예배를 인도를 하면 어머니가 제사장이 된다. 아버지가 인도하면 아버지가 제사장이 되고 아들이 인도하면 아들이 제사장이 된다.

에덴 교회에 이어 아브라함과 야곱이 돌단을 쌓았던 돌단 교회가 두 번째 교회다. 아브라함의 제사는 짐승을 반으로 쪼개서 드렸던 희생 제사였고, 야곱은 브엘세바를 지나 돌단을 쌓아 돌단 제사를 지냈다.

세 번째는 노아 홍수에서 방주교회가 시작되었고, 방주를 통해서 교회가 무엇인지 알게 하셨다. 베드로는 노아의 가족이 방주에서 세례를 받았다는 영적 해석을 했다(베드로전서 3:20-21).

"물은 예수 그리스도께서 부활하심으로 말미암아 이제 너희를 구원하는 표니 곧 세례라 이는 육체의 더러운 것을 제하여 버림이 아니요 하나님을 향한 선한 양심의 간구니라 그는 하늘에 오르사 하나님 우편에 계시니 천사들과 권세들과 능력들이 그에게 복종하느니라"(베드로전서 3:20-21)

히브리서 저자는 노아의 가족이 '믿음으로 보지 못한 것을 믿어 구원받았다'고 이야기함으로 방주 안에서의 믿음과 구원을 이야기 했다(히브리서 11:7).

"믿음으로 노아는 아직 보이지 않는 일에 경고하심을 받아 경외함으로 방주를 준비하여 그 집을 구원하였으니 이로 말미암아 세상을 정죄하고 믿음을 따르는 의의 상속자가 되었느니라"(히브리서 11:7)

네 번째는 광야 교회로서 의사 누가는 사도행전을 통해서 광야에서 성막 생활을 한 것을 광야 교회라고 명명했다(사도행전 7:38).

"시내 산에서 말하던 그 천사와 우리 조상들과 함께 광야 교회에 있었고 또 살아 있는 말씀을 받아 우리에게 주던 자

가 이 사람이라"(사도행전 7:38)

이 광야교회를 다른 말로 천막 교회, 성막 교회, 장막 교회라고 부른다. 광야 교회에서 직접 모세를 통해 제사장 제도가 확립되어 오늘에 이르고 있다. 이 때부터 대제사장과 제사장이 하나님의 제단에서 제사를 드리기 시작했다. 오늘날에는 만인 제사장으로 모든 이들이 직접 하나님께 상고할 수 있게 했으며, 구약시대 제사장 역할의 핵심적인 부분이 모든 이들에게 이양 되었다. 그럼에도 오늘날의 성직자는 많은 이들을 주께로 인도하는 목자의 역할을 하게 했다. 이를 교회의 여러 직분으로 구분했다.

"그가 어떤 사람은 사도로, 어떤 사람은 선지자로, 어떤 사람은 복음 전하는 자로, 어떤 사람은 목사와 교사로 삼으셨으니 이는 성도를 온전하게 하여 봉사의 일을 하게 하며 그리스도의 몸을 세우려 하심이라"(에베소서 4:11-12)

이 말씀에서 교회의 직을 5중직으로 이야기하는데 사실은 목사와 교사는 한 단어로 사용되었기 때문에 4중직이 정확한 표현이다. 즉, 오늘날의 목사는 목양과 가르침을 겸비해 그 기능을 하기 때문에 구약의 제사장들이 했던 역할의 부분적인 역할이 여전히 유효하다.

다섯 번째는 솔로몬 시대의 성전 교회로서 예루살렘 교회 중심의 성전 신앙을 확립했다. 이는 전 세계의 유일한 성전이었는데 히브리 민족이 전 세계 흩어져 성전에 갈 수 없을 때에 전 세계에 흩어진 유대인들이 그들이 모여 회당을 세웠다. 이곳에서 율법을 공부했는데, 이것이 여섯 번째 교회의 모형인 회당(시나고그, synagogue) 교회다. 유대인이 사는 곳에는 어디든 시나고그가 있으며 그곳에서 성경을 가르치고 있다. 나도 한때 회당의 안식 예배에 참여하면서 그들의 예배를 보고 배운 적이 있었다.

마지막으로 신약시대에 예수님이 오셔서 율법을 완성시키셨는데, 예수님이 십자가에 못 박히시고 성막의 휘장 커튼을 찢고 하나님과 인간이 통하게 하셨다. 그리고 그들에게 너희들은 모여서 예수께서 보혜사 성령을 보낼 때까지 기다리라고 해서 모인 곳이 오늘날 우리가 모여서 예배 드리는 현대 교회의 원형이다. 최초의 현대 교회 모형은 마가의 다락방이었다. 주의 종 베드로가 설교 시간과 장소를 같이해 기도할 때, 오순절이 되매 성령이 강력히 임하여 각 사람 머리 위에 불이 혀같이 갈라지는 모양으로 임했다. 최초의 초대 교회는 성령의 역사와 함께 시작했다고 볼 수 있다.

번제단 재료: 놋쇠, 채, 고리, 놋그물

번제단은 모두 놋쇠로 싸야 하는데, 여기서 놋은 예수 그리스도를 상징한다. 모세의 놋뱀 역시 예수 그리스도를 상징하며, 제단 역시 놋쇠로 덮어야한다. 하나님의 교회는 예수로 둘러싸여 있어야한다. 그리고 이 제단은 예수님에게 싸여 있어야한다. 교회는 예수님의 몸이기에 교회는 겉을 보아도 안을 보아도 예수가 보여야하기 때문이다.

"또 만물을 그의 발 아래에 복종하게 하시고 그를 만물 위에 교회의 머리로 삼으셨느니라 교회는 그의 몸이니 만물 안에서 만물을 충만하게 하시는 이의 충만함이니라"

(에베소서 1:22-23)

성경은 예수님을 '교회의 머리'라고 하셨다.

"그는 몸인 교회의 머리시라 그가 근본이시요 죽은 자들 가운데서 먼저 나신 이시니 이는 친히 만물의 으뜸이 되려 하심이요"(골로새서 1:18)

또한 교회의 머리시고 교회는 그의 몸이라고 하셨다.

"나는 이제 너희를 위하여 받는 괴로움을 기뻐하고 그리스도의 남은 고난을 그의 몸된 교회를 위하여 내 육체에 채우노라"(골로새서 1:24)

예수님을 교회의 머리라고 하셨고, 하늘은 내 보좌요 땅은 내 발등상이라고 하셨으니 교회는 하늘과 땅을 주관하는 곳이다.

"여호와께서 이와 같이 말씀하시되 하늘은 나의 보좌요 땅은 나의 발판이니 너희가 나를 위하여 무슨 집을 지으랴 내가 안식할 처소가 어디랴"(이사야 66:1)

하나님은 전 우주에 충만하신 분이요 전지전능 무소부재의 하나님으로 '교회'라는 곳은 전지전능 무소부재의 속성을 갖고 있다. 하나님은 눈에 보이지 않지만 그의 몸인 교회는 눈에 보이는 것으로 이는 보이는 예수님으로, 그는 하나님의 아들로서 하나님의 속성을 갖고 있다.

인간이 다듬어져서 교회를 건축할 때 전부 놋쇠로 싸라는 것은 예수님만 보이게 하라는 것이다. 아카시아 나무는 보이지 않고 놋쇠만 보여야 하는데 여전히 가시가 보이고 나무껍질이 보이니, 이것은 교회가 아니라 마치 한인회가 되고 사교 단체가 되고 정치 모임, 이권 단체, 친목 단체가 되는 것이다. 교회는 예수만 보여야지 사람이 보이면 안 된다. 나무 중 제일 질 나쁜 것이 아카시아 나무인데 놋쇠가 뜯어져 나가면 그 질 나쁜 것만 남게 되는 것이다. 완전히 주님이 둘러싸면 세상과 나는 간 곳 없고 나를 구속해주신 주님만 보이게 된다.

:: 번제단 재료들

이 제단은 놋그물에 담겨져 있는데 이 그물은 어부들의 그물을 연상케 한다. 예수님의 제자들이 어부들이었고, 그들은 그물을 깁다가 예수님을 만났다. 예수님은 베드로에게 '사람을 낚는 어부가 되게 하겠다'고 하셨다. 이 제단을 감싼 그물은 복음의 그물이다. 예수님은 너희는 사람을 낚는 어부라 했으니 이 제단은 복음의 그물에 담겨져 있어야한다.

이 제단이 철학, 정치, 신학, 심리학, 경영학으로 담겨져 있으면 안된다. 교회에는 철학 교수도, 심리학 박사도 함께 예배 드리는 곳인데 그 시간에 목사님의 시시한 철학 강의를 듣거나 심리학 강의를 듣기 위한 곳도 아님을 명심해야한다. 교회는 철저히 복음의 그물로 싸여 있어야한다.

제단이 성경적인 제단이 되기 위해서 우리의 제단은 그리스도의 복음에만 담겨 있어야한다. 이 제단은 두개의 채로 이동하게 되어 있다. 두 개의 채는 구약과 신약의 말씀의 채를 상징하고 있으며, 제단의 두 개의 채를 붙잡는 고리는 원형 고리로 사랑의 고리를 상징화한다. 제단은 두 개의 말씀과 사랑으로 붙잡는 제단과 더불어 복음으로 싸여 있는 가운데 우리가 죽고 겉가죽을 벗고 속에 더러운 내장을 빼어 드리면 그 가운데 불이 떨어지는 것이다.

그리고 제단 양 끝 모서리 사방에 뿔의 형상을 갖고 있다. 제단 사방에 뿔이 있다는 것은 제단에 능력이 있음을 상징하고 있으며, 악한 것을 무찌르는 무기를 형상화하는 것이다. 성막의 모든 성물 중에 오직 향단과 제단에만 뿔이 있으니 기도와 제사는 영적 강력한 무기가 된다.

교회는 사방에 뿔이 있다는 것을 말하는데, 이는 예수님의 뿔이 영적으로 사방에서 지키고 있음을 말한다. 뿔은 능력 권력을 상징(사무엘하 22:3)하는데 여기에 피를 묻혀 놓았으므로 이는 보혈의 능력이며, 예수님의 보혈의 능력, 피의 능력, 죽음으로 얻는 부활의 능력이 된다.

"내가 피할 나의 반석의 하나님이시요 나의 방패시요 나의 구원의 뿔이시요 나의 높은 망대시요 그에게 피할 나의 피난처시요 나의 구원자시라 나를 폭력에서 구원하셨도다"(사무엘하 22:3)

제물(祭物)

　제물(祭物)은 지금으로 말하면 예배에서 헌금으로 볼 수 있다. 고대 제사와 제물은 같은 것이며, 제물은 곧 나를 대변하는 것이었다. 제물은 육을 상징하는 것으로 육신으로 있을 때 우리가 혼과 육을 분리할 수 없듯이 재물(財物)과 영을 분리할 수 없다. 다만 우리가 재물의 노예가 아니라 재물이 우리의 노예가 됨을 종교적 의식과 예식을 통해 행하는 것이다.
　예수님께서 '네 물질이 있는 곳에 마음이 있다'고 했다. 부자 청년은 이 물질 때문에 예수의 말씀을 듣고 실족하게 된다. 이처럼 이 물질은 우리에게 부담스러운 주제가 아닐 수 없다. 주님은 '오늘 네 생명을 취하면 네 창고의 곡식이 누구의 것이 되겠느냐'며 물질 중심의 삶을 책망하셨다. 물질은 우리 삶에 너무나 중요한 부분이지만 우선순위를 그곳에 두면 안 된다는 것을 우리는 평생 교회를 통해 배운다.
　예수님이 선행적으로 사탄에게 첫 번째 시험받은 것이 바로 물질의 시험이었다. 이 물질로써 내가 자유함을 얻는다는 것이 바로 헌금이요, 이것이 나의 신앙고백이다. 우리가 교회에서 내는 십일조는 많은 분들이 1/10로 이해하지만 사실은 전체를 말하는 것이다. 성경에서 10은 전체를 상징한다. 열 고을, 열 처녀, 열 명의 나병 환자는 전체를 상징하는 것이고, 1은 전체를 대표하게 되는 것이다. 주일은 첫째 날로 전체 날을 대표하며 주일도 한 주의 십일조가 된다.

제물을 바치는 원리는 레위기 1장 1-17절에 자세히 나와 있다. 첫째 반드시 제물을 잡아서 바친다. 머리를 비틀어 끊고 단 위에 불살라 드리게 되어있다. 옛날에 양이나, 염소나, 소나, 비둘기 위에 먼저 안수 기도를 했다(레위기 1:4). 그래서 제물을 바칠 때마다 안수하고 기도를 한다.

"여호와께서 회막에서 모세를 부르시고 그에게 말씀하여 이르시되 이스라엘 자손에게 말하여 이르라 너희 중에 누구든지 여호와께 예물을 드리려거든 가축 중에서 소나 양으로 예물을 드릴지니라 그 예물이 소의 번제이면 흠 없는 수컷으로 회막 문에서 여호와 앞에 기쁘게 받으시도록 드릴지니라 그는 번제물의 머리에 안수할지니 그를 위하여 기쁘게 받으심이 되어 그를 위하여 속죄가 될 것이라 그는 여호와 앞에서 그 수송아지를 잡을 것이요 아론의 자손 제사장들은 그 피를 가져다가 회막 문 앞 제단 사방에 뿌릴 것이며 그는 또 그 번제물의 가죽을 벗기고 각을 뜰 것이요 제사장 아론의 자손들은 제단 위에 불을 붙이고 불 위에 나무를 벌여 놓고 아론의 자손 제사장들은 그 뜬 각과 머리와 기름을 제단 위의 불 위에 있는 나무에 벌여 놓을 것이며 그 내장과 정강이를 물로 씻을 것이요 제사장은 그 전부를 제단 위에서 불살라 번제를 드릴지니 이는 화제라 여호와께 향기로운 냄새니라 만일 그 예물이 가축 떼의 양이나 염소의 번제이면 흠 없는 수컷으로 드릴지니 그가 제단 북쪽 여호와 앞에서 그것을 잡을 것이요 아론의 자손 제사장들은 그것의 피를 제단 사방에 뿌릴 것이며 그는 그것의 각을 뜨고 그것의 머리와 그것의 기름을 베어낼 것이요 제사장은 그것을 다 제단 위의 불 위에 있는 나무 위에 벌여 놓을 것이며 그 내장과 그 정강이를 물로 씻을 것이요 제사장은 그 전부를 가져다가 제단 위에서 불살라 번제를 드릴지니 이는 화제라 여호와께 향기로운 냄새니라 만일 여호와께 드리는 예물이 새의 번제이면 산비둘기나 집비둘기 새끼로 예물을 드릴 것이요 제사장은 그것을 제단으로 가져다가 그것의 머리를 비틀어 끊고 제단 위에서 불사르고 피는 제단 곁에 흘릴 것이며 그것의 모이주머니와 그 더러운 것은 제거하여 제단 동쪽 재 버리는 곳에 던지고 또 그 날개 자리에서 그 몸을 찢되 아주 찢지 말고 제사장이 그것을 제단 위의 불 위에 있는 나무 위에서 불살라 번제를 드릴지니 이는 화제라 여호와께 향기로운 냄새니라"(레위기 1:1-17)

모든 제물을 나 자신을 투사하는 것으로 제사를 드리는 것은 내 대신 희생제물이 죽는 것을 상징화 한다. 양, 염소, 소나 비둘기에 내 죄 값을 전이 시키는 것이다. 죄 값은 사망인데 내 죄를 짐승에다 뒤집어 씌워서 바치는 것이다.

희생 제물의 머리를 비틀어 끊고 단 위에 불사르는 것은 죽음을 상징하며, 나는 더 이상 보지도 듣지도 않는 것을 말한다. 조선시대에 한 여인이 시집살이를 할 때 벙어리 3년, 귀머거리 3년, 장님 3년을 해야 한다는 말처럼, 제사는 나를 죽이는 것을 말한다.

안수 후에 목을 비틀어 끊고 또 번제 희생의 가죽을 벗기고 각을 뜬다. 다시 순서를 살펴보면 1. 안수, 2. 목을 비틀고 끊고, 3. 가죽을 벗기고, 4. 내장을 꺼내고, 5. 각을 뜬다. 이런 과정을 통해 번제단에 올릴 때 그 제물은 불로 응답을 받는다.

엘리야가 제사를 지낼 때 하늘에서 불이 떨어졌다(열왕기상 18:33, 38).

"또 나무를 벌이고 송아지의 각을 떠서 나무 위에 놓고 이르되 통 넷에 물을 채워다가 번제물과 나무 위에 부으라 하고"(열왕기상서 18:33)

"이에 여호와의 불이 내려서 번제물과 나무와 돌과 흙을 태우고 또 도랑의 물을 핥은지라"(열왕기상서 18:38)

각을 떠서 제단에 제물을 올려놓을 때 불로 응답을 받았다는 것은 오늘날에도 제사를 지낼 때 성령의 불로 응답받아야 함을 말한다.

"그러므로 형제들아 내가 하나님의 모든 자비하심으로 너희를 권하노니 너희 몸을 하나님이 기뻐하시는 거룩한 산 제물로 드리라 이는 너희가 드릴 영적 예배니라"
(로마서 12:1)

제단을 쌓고 제단에다 각을 떠서 제물을 올릴 때 불로 응답 받는다. 그러므로 예배를 드릴 때 불 같이 뜨거움을 느끼게 된다.

"여호와의 말씀이니라 내 말이 불 같지 아니하냐 바위를 쳐서 부스러뜨리는 방망이 같지 아니하냐"(예레미야 23:29)

예수님이 십자가에 돌아가신 후 낙심한 제자들이 예수님을 만난 후 불을 받고 마음이 뜨거워지기 시작했다.

"그들이 서로 말하되 길에서 우리에게 말씀하시고 우리에게 성경을 풀어 주실 때에 우리 속에서 마음이 뜨겁지 아니하더냐 하고"(누가복음 24:32)

내 자신을 제물로 드려도 불이 떨어지지 않는 것은 내 자신을 완전히 제물로 올리지 않았기 때문이다. 온전히 각을 떠서 올리지 않으면 불은 떨어지지 않는다. 제물은 반드시 죽어야지 제물이 된다. 한국의 제사상에도 오징어, 명태 등 죽은 것을 올려놓지, 기어 다니는 것을 올려놓지는 않는다. 귀신을 섬겨도 각을 뜨고 죽여야 하는데 아직 죽지 않고 계속 울어대면 하나님께서 그 제물을 받지 않는다. '명태야 여기 있어라' '오징어야 여기 있어라'하는데 제물이 혼자 돌아다닌다면 받을 수가 없는 것이다.

제물이라는 것은 나를 당신께 드린다는 것이고 이것의 가장 선행적인 것이 바로 사도바울의 고백처럼 "내가 날마다 죽노라"라는 신앙고백이다(고린도전서 15:31).

> "형제들아 내가 그리스도 예수 우리 주 안에서 가진 바 너희에 대한 나의 자랑을 두고 단언하노니 나는 날마다 죽노라"(고린도전서 15:31)

구약의 제사장은 짐승을 잡아야하기 때문에 칼질을 잘하고 마음을 단단히 붙잡아야했다. 내가 어린 시절 고향에서 동네 청년들이 돼지를 잡는데 설 잡으니 돼지가 온 동네를 들이받으면서 집을 망가뜨리고 사람을 해하는 것을 본 적이 있다. 그래서 제사장은 날카로운 양날의 칼로 단번에 제물을 잡아야한다. 마음이 여려 찌를 듯 말 듯, 또는 살짝 찌르면 제사장은 물어뜯기게 된다.

어릴 적, 언젠가 공부하고 있을 때, 아버지가 살아 있는 메추라기를 들고 오셔서 같이 잡자고 하신 적이 있다. 내가 새의 머리를 제대로 돌리지 못해 난리가 났었다. 옛날에는 제사장 자격은 첫째가 강하고 담대해야했다. 담력이 없으면 목사가 될 수 없다. 둘째는 칼질을 잘해야 한다. 오늘날에는 좌우의 날선 말씀의 칼로 잡아야 한다. 녹슨 칼이나 무딘 칼 또는 마음에 겁을 먹어 제대로 제물을 잡지 못하면 둘 다 상처만 입게 된다.

제물의 머리를 끊으면 눈이 없으니, 다른 사람의 잘못을 전혀 볼 수가 없고, 귀가 없으니 다른 사람의 허물을 듣지도 못한다. 그리고 입이 없으니 무익한 말을 전하지도 못한다. 이게 바로 제물이다. 아직도 허물이 보이고 소문이 들리고 무익한 말을 전한다면 나는 산 제물이 되지 못한 것이다.

하나님의 제사상에는 내장을 다 꺼내서 태워서 드리기에 내장이 있을 수 없다. 내 속에 찌꺼기인 더러운 잔재들이 남아서는 산 제물이 될 수 없다. 따라서 진정한 산 제물이 되기 위해서는 반드시 회개가 선행 되어야하며 회개 없이는 온전한 제사가 되지 않는다.

아브라함이 비둘기의 목을 따지 않고 비둘기 내장을 빼지 않고 통째로 드렸을 때 그 비둘기를 하나님이 받은 것이 아니라 솔개가 채어 갔다. 기쁨이 오는 것이 아니라 두려움이 오고, 광명이 오는 것이 아니라 흑암이 찾아 왔다. 그 결과 그의 후손들이 400년간 종살이 할 것이라고 했다.

"여호와께서 그에게 이르시되 나를 위하여 삼 년 된 암소와 삼 년 된 암염소와 삼 년 된 숫양과 산비둘기와 집비둘기 새끼를 가져올지니라 아브람이 그 모든 것을 가져다가 그 중간을 쪼개고 그 쪼갠 것을 마주 대하여 놓고 그 새는 쪼개지 아니하였으며 솔개가 그 사체 위에 내릴 때에는 아브람이 쫓았더라 해 질 때에 아브람에게 깊은 잠이 임하고 큰 흑암과 두려움이 그에게 임하였더니 여호와께서 아브람에게 이르시되 너는 반드시 알라 네 자손이 이방에서 객이 되어 그들을 섬기겠고 그들은 사백 년 동안 네 자손을 괴롭히리니"(창세기 15:9-13)

제사는 철저히 내장을 꺼내야하는 것으로 내 안의 더러운 찌꺼기를 다 꺼내야한다. 철저히 회개해야 한다. 하나님은 늑대가 아니므로 죽지 아니하고 내장을 꺼내지 아니하고 불로 태우지 아니한 제물은 받지 아니한다. 육신의 아버지에게도 생닭을 그냥 못 드리는데 살아계신 하나님 아버지께 날 것을 드리면 되지 않는다. 그럼으로 우리는 '내가 정말 제물이 되었는지' 생각해 보아야 한다. 또한 하나님은 솜 털 하나도 안 드시기에 가죽을 온전히 벗겨야 한다. 이는 자기의 위신 사회적 직분 계급 다 버리고 하나님께 예배 드려야함을 상징적으로 묘사하고 있다. 가죽을 벗기는 것은 세상의 모든 직분을 벗어 버리는 것이다. 하나님은 교만한 자를 물리치는 분이므로 가죽을 벗어야 한다. 각을 뜨는 것은 나를 잡는 것이다. 그런 후 불로 응답받는 것이다.

사도바울이 날마다 자기 몸을 쳐서 자기 자신을 복종케 했다는 것은 자기가 버림받지 않기 위함이라고 했다. 이는 자기가 제물이 되어야 함을 알고 있었기 때문이다.

"내가 내 몸을 쳐 복종케 함은 내가 남에게 전파한 후에 자신이 도리어 버림을 당할까 두려워함이로다"

(고린도전서 9:27)

사도바울도 버림받을까하여 자기를 날마다 쳐서 복종케 했다. 그는 자기가 날마다 죽노라 라고 했다.

"형제들아 내가 그리스도 예수 우리 주 안에서 가진 바 너희에 대한 나의 자랑을 두고 단언하노니 나는 날마다 죽노라"(고린도전서 15:31)

그러므로 복음은 매일 들어야하며, 내 자신은 날마다 구원 받아야 하는 것이며, 날마다 제물이 되어야 한다.

물두멍

"그들이 회막에 들어갈 때에 물로 씻어 죽기를 면할 것이요 제단에 가까이 가서 그 직분을 행하여 여호와 앞에 화제를 사를 때에도 그리 할지니라 이와 같이 그들이 그 수족을 씻어 죽기를 면할지니 이는 그와 그의 자손이 대대로 영원히 지킬 규례니라"(출애굽기 30:20-21)

번제단을 지나면 그 다음 물두멍이 나온다. 성경에서 모든 상징은 양면성을 가지고 있다. 성경에서 바닷물은 죄악된 세상을 상징한다. 바닷물을 먹었다는 것은 세상 물을 먹었다는 것이요. 바닷물에 그물을 던지라는 것은 세상에 복음의 그물을 던지라는 것이다. 육지 물은 하나님 편의 물 성령, 말씀, 축복이며 강물은 은혜의 생수를 말한다. 그러나 고인 물은 염려 고난 등을 동반한다. 따라서 침례를 행하는 교회에서 침례탕이라고 교회 건물 안의 갇힌 물에서 침례 받는 것은 성경의 정신과는 맞지 않다. 침례는 항상 흐르는 물에서 하는 것이

맞다.

성경에 나오는 물은 말씀을 상징한다.

"이는 곧 물로 씻어 말씀으로 깨끗하게 하사 거룩하게 하시고"(에베소서 5:26)

:: 물두멍

성경에 물로 씻으라는 것은 말씀으로 정결케 하라는 것이다. 제사는 자신을 죽이고 자신을 정결케 하는 것이다. 우리 조상들도 제사를 지낼 때는 목욕재계를 하고 제사를 지냈다. 유대인들은 정결 예식을 하고 제사를 지냈으니 동일하다고 볼 수 있다. 종교라는 것은 '으뜸 되는 것을 가르친다'는 뜻이며, 영어 'Religion'은 '다시 하나 된다'는 뜻이다. 이는 온전하고 정결한 하나님과 내가 하나 되기 위하여 물로서 나를 정결케 하는 것이다. 이것을 신인합일(神人合一) 천아무간(天我無間)이라고도 한다. 기독교에서는 이를 회개라고 칭하며 나를 깨끗하게 하는 것이 제사의 근간이 된다.

"큰 집에는 금 그릇과 은 그릇뿐 아니라 나무 그릇과 질그릇도 있어 귀하게 쓰는 것도 있고 천하게 쓰는 것도 있나니 그러므로 누구든지 이런 것에서 자기를 깨끗하게 하면 귀히 쓰는 그릇이 되어 거룩하고 주인의 쓰심에 합당하며 모든 선한 일에 준비함이 되리라"(디모데후서 2:20-21)

큰 집은 천국을 말하는 것으로 어떤 그릇이듯 깨끗한 그릇이 되어야 주인이 쓰신다는 말이다. 천국에는 흰 세마포 옷을 입게 했는데 이 흰 옷은 성도들의 옳은 행실이라고 했다.

"그에게 빛나고 깨끗한 세마포 옷을 입도록 허락하셨으니 이 세마포 옷은 성도들의 옳은 행실이로다 하더라"
(요한계시록 19:8)

이는 말씀으로 성도들의 옷을 희게 하여 천국에 합당한 의복으로 바꾸어 준다는 의미다.

"그러나 사데에 그 옷을 더럽히지 아니한 자 몇 명이 네게 있어 흰 옷을 입고 나와 함께 다니리니 그들은 합당한 자인 연고라"(요한계시록 3:4)

"이기는 자는 이와 같이 흰 옷을 입을 것이요 내가 그 이름을 생명책에서 결코 지우지 아니하고 그 이름을 내 아버지 앞과 그의 천사들 앞에서 시인하리라"(요한계시록 3:5)

"내가 너를 권하노니 내게서 불로 연단한 금을 사서 부요

하게 하고 흰 옷을 사서 입어 벌거벗은 수치를 보이지 않게 하고 안약을 사서 눈에 발라 보게 하라"(요한계시록 3:18)

"또 보좌에 둘려 이십사 보좌들이 있고 그 보좌들 위에 이십사 장로들이 흰 옷을 입고 머리에 금관을 쓰고 앉았더라"(요한계시록 4:4)

"이 일 후에 내가 보니 각 나라와 족속과 백성과 방언에서 아무도 능히 셀 수 없는 큰 무리가 나와 흰 옷을 입고 손에 종려 가지를 들고 보좌 앞과 어린 양 앞에 서서"
(요한계시록 7:9)

이상과 같이 천국은 모두 흰옷을 입은 자들이다. 이 흰옷은 성도들의 거룩한 행실이요 이것은 물로 씻어 말씀으로 정결케 하는 것이다. 따라서 제사에는 반드시 말씀으로 정결케 하는 예식이 있어야 한다.

성경은 목마른 자들에게 생수를 주신다고 하셨다.

"오호라 너희 모든 목마른 자들아 물로 나아오라 돈 없는 자도 오라 너희는 와서 사 먹되 돈 없이, 값 없이 와서 포도주와 젖을 사라"(이사야 55:1)

"너희는 귀를 기울이고 내게로 나아와 들으라 그리하면 너희의 영혼이 살리라 내가 너희를 위하여 영원한 언약을 맺으리니 곧 다윗에게 허락한 확실한 은혜이니라"(이사야 55:3)

여기서 물은 말씀을 듣는 것으로 설명하고 있다. 그러면 나의 영혼이 살 것이라는 것이다. 그러면 내가 정결케 되고 나의 의복은 하얀 세마포 옷으로 입혀진다는 것이다.

"주 여호와의 말씀이니라 보라 날이 이를지라 내가 기근을 땅에 보내리니 양식이 없어 주림이 아니며 물이 없어 갈함이 아니요 여호와의 말씀을 듣지 못한 기갈이라"
(아모스 8:11)

여기서도 물은 하나님의 말씀을 지칭하고 있다. 예수님도 자기 자신을 물이라 하셨고, 자기 자신을 생수라고 하셨다.

"명절 끝날 곧 큰 날에 예수께서 서서 외쳐 이르시되 누구든지 목마르거든 내게로와서 마시라 나를 믿는 자는 성경에 이름과 같이 그 배에서 생수의 강이 흘러 나오리라 하시니 이는 그를 믿는 자들이 받을 성령을 가리켜 말씀 하신 것이라"(요한복음 7:37-39)

여기서 말하는 명절은 초막절로써 감사 절기를 말한다. 예수님은 초막절에 자기 자신을 생수라고 하셨다. 그리고 그것이 곧 '성령'이라고 했다. 제사에는 반드시 말씀과 성령이 동반되어야 한다.

우리가 부르는 찬양에도 '목마른 자들아 다 이리로 오라'는 가사가 있다. 이는 우리가 물을 마시고 우리 자신이 물 항아리가 되는 것이다. 성막의 성물 중 유일하게 규격이 나오지 않은 것이 물두멍이다. 각자의 분량대로 물을 마시고 다시 물두멍이 되어서 생수의 강을 흘려보내야 된다.

성경이 바로 물두멍이고, 우리가 섬기는 교회 제단이 물두멍이 되고, 다시 내가 물두멍이 되어야한다. 따라서 목사가 물두멍이고, 성도가 물두멍이고, 교회가 물두멍인 것처럼, 우주 전체가 물두멍이 된다. 하나님의 말씀이 생수이며 물두멍인 것처럼, 우주는 하나님의 말씀으로 지어졌고, 우주 전체에 하나님의 말씀이 가득 차 있으니 우주 자체가 물두멍이 된다. 로마서에는 자연 삼라만상에 하나님의 신성이 있다고 했다. 그러므로 자연을 연구하면 하나님의 속성을 발견할 수 있다.

> "창세로부터 그의 보이지 아니하는 것들 곧 그의 영원하신 능력과 신성이 그가 만드신 만물에 분명히 보여 알려졌나니 그러므로 그들이 핑계하지 못할지니라"(로마서 1:20)

라디오의 주파수를 맞추면 사람의 목소리나 음악이 나온다. 우주에 하나님 말씀이 가득 차 있으니 우리가 주파수를 맞추기만 하면 자연을 통해서도 하나님의 음성을 들을 수 있는 것이다. 하나님의 말씀을 듣기 위해서는 심령의 사이클을 하나님의 주파수에 맞추어야

한다. 라디오를 가지고도 주파수를 맞추지 못하면 사람의 말을 못 듣는 것처럼, 이는 사이클이 안 맞아서 그런 것이지 소리가 없는 것이 아니다. 사이클을 맞추고도 소리가 안 나는 것은 고장난 것으로 그 때는 라디오 자체를 교환하면 된다. 그러므로 우리가 하나님께 사이클을 맞추고 '주여'하고 기도를 하고, 하나님을 그리워하는 마음으로 성경을 읽으면 하나님의 음성을 들을 수 있게 된다.

한학에 주역과 노자의 도덕경 등을 통해서 우주와 자연을 부분적으로 알 수 있지만, 사실 이 우주의 세계를 이 물두멍을 통해서 더 구체적으로 확인하고 볼 수 있다. 이 물두멍을 교회로, 교인으로, 하나님으로, 성경으로 풀면 하나 둘씩 계속해서 막 풀리기 시작한다. 여기에 엄청난 깊이와 심오한 진리가 숨겨져 있는 것이다. 이는 진주를 찾아 모든 것을 다 팔아 그것을 구하는 것과 같은 이치다.

"극히 값진 진주 하나를 발견하매 가서 자기의 소유를 다 팔아 그 진주를 사느니라"(마태복음 13:46)

이삭은 계속해서 우물을 현지인들에게 빼앗겼지만 다시 우물을 팠으며, 또 빼앗겼지만 또 다시 파고 계속해서 우물을 파내었다. 이는 이삭 자체가 물두멍이요, 물의 근원을 알고 있었기 때문이며 물의 흐름을 볼 수 있었기 때문이다.

이 물두멍이 어떻게 만들고 어디에 쓰였는지 성경에 자세히 기록되어 있다. 물두멍은 우선 수족을 씻어 죽기를 면하고 대대로 지키라 했으므로 오늘날도 수족을 씻지 않으면 죽게 된다. '손'은 시편에 다음과 같이 말씀하고 있다.

"여호와의 산에 오를 자가 누구며 그의 거룩한 곳에 설 자가 누구인가 곧 손이 깨끗하며 마음이 청결하며 뜻을 허탄한 데에 두지 아니하며 거짓 맹세하지 아니하는 자로다"
(시편 24:3-4)

그리스도인들의 손은 과거에 못된 짓에 썼지만, 이제 십자가를 붙들고 뜻을 하나님께 정해 주님의 길을 예비하는 것이 바로 '손을 씻는다'는 의미다. 여기서 말하는 손은 육신의 손을 말하는 것이 아니라 마음의 손을 말한다. 성경은 기본적으로 외적인 모습에 기초한 마음을 근원적인 원형으로 본다.

많은 사람들이 바울이 마음에 할례를 행하라고 처음으로 말한 줄 안다. 그러나 구약에서 이미 마음에 할례를 행하라고 했다.

"그러므로 너희는 마음에 할례를 행하고 다시는 목을 곧게 하지 말라"(신명기 10:16)

"네 하나님 여호와께서 네 마음과 네 자손의 마음에 할례를 베푸사 너로 마음을 다하며 뜻을 다하여 네 하나님 여호와를 사랑하게 하사 너로 생명을 얻게 하실 것이며"
(신명기 30:6)

우리가 잘 부르는 찬송가 가사 중 "십자가 단단히 붙잡고"라는 것 역시 마음의 손을 말한다. 어떻게 2000년 전 보이지 않는 십자가를 오늘날 육신의 손으로 붙잡는다는 것인가? 내 마음속에 주님을 붙잡아야 되는 것이다. 일차적 천국은 결국 마음에 있는 것이기에, 우리의 마음의 손이 십자가를 붙잡아 내 마음에 천국을 영위하여야한다.

출애굽기에는 수족을 씻어 죽기를 면하라고 했는데 예수님이 베드로에게 발을 씻지 않으면 나와 상관이 없다고 하시고 그의 발을 씻기셨다.

> "베드로가 이르되 내 발을 절대로 씻지 못하시리이다 예수께서 대답하시되 내가 너를 씻어 주지 아니하면 네가 나와 상관이 없느니라"(요한복음 13:8)

그러면 발을 씻는다는 것은 내가 걸어갈 길이 레드 카펫으로 깔려 있기에 그 길을 걸어가기에 합당하게 만드는 것이다. 그 길은 바로 예수님이며, "나는 길이요 진리요 생명이니 나로 말미암지 않고는 아버지께로 갈자가 없다"고 하셨다. 예수님의 천당 길은 깨끗하다. 우리도 그 진리의 길 천국의 길을 가려면 발이 더러워서는 가지 못하기 때문에 마음의 발을 씻어서 죽기를 면해야한다. 그는 우리의 발을 씻기셨고, 이제 우리는 말씀으로 매일 손을 씻게 하셨다.

물두멍은 놋쇠 물통인데 재료는 놋쇠다. 놋은 '예수님'을 상징한다. 마치 이스라엘 백성들이 광야에서 모세를 원망하다 죽게 되고 다시 놋뱀을 바라보면 살게 되었던 것처럼, 놋은 예수 그리스도를 상징한다. 풍랑 이는 바다에서 예수님을 바라보고 풍랑이 잠잠해지고 살아난 것과 같은 이치다.

이 물두멍은 당시 성전 회막문에서 수종드는 여인들의 거울로 만들게 했다.

"제단의 모든 기구 곧 통과 부삽과 대야와 고기 갈고리와 불 옮기는 그릇을 다 놋으로 만들고"(출애굽기 38:3)

그 당시 거울은 모두 놋쇠였다(BC 3,600-3,500). 놋쇠 거울이므로 보아도 선명하지 않고 희미했다.

"우리가 지금은 거울로 보는 것 같이 희미하나 그 때에는 얼굴과 얼굴을 대하여 볼 것이요 지금은 내가 부분적으로 아나 그 때에는 주께서 나를 아신 것 같이 내가 온전히 알리라"(고린도전서 13:12)

회막문에서 수종 드는 처녀들의 거울로 만들라고 하는 것은 우리가 수중에 가진 귀한 것으로 성전을 지어 가라는 것이다. 또한 제단에 들어갈 때 거울이 두 개가 있는 것은 앞뒤를 잘 살피라는 의미다. 하나님은 앞만 보는 분이 아니라 뒤도 보시는 분이시기에 우리는 보이는 측면뿐만 아니라 안 보이는 부분까지도 삼가 조심하고 정결하게 해야 한다. 그래서 바울은 고린도 교회에 "내가 너희를 정결한 처녀로 한 남자인 그리스도로 중매하노라"(고린도후서 11:2)고 했다.

또한 두 개의 거울로 만들었다는 것은 신구약 말씀에 내 마음을 비춰보라는 의미다. 물두멍 놋그릇은 쳐서 만들라고 했으므로 이전에 쓰레기 같은 오물을 담고 살았던 우리가 성령만 담고 살려면 연단을 받아야 된다는 뜻이다. 두들겨 맞고 뜨거운 불로 달궈져야한다. 지금 우리가 힘들다고 하면 놋그릇 물두멍이 되어가는 과정이므로 감사해야한다. 그리고 이제 생수의 강이 흘러가게 되는 것이다.

우리는 "불같은 시험 많으나 겁내지 맙시다"라고 찬양으로 고백한다. 성경은 "여러 가지 시험 만나거든 기뻐하라"고 했다. 그것은 우리가 물두멍 놋그릇으로 만들어지는 과정이기 때문에 그렇다. 하나님이 오늘 가정으로, 시험으로, 친구로 그리고 말씀으로 때리는 것은 나를 성령만 담는 그릇으로 만들려고 하는 것이다. 그래서 온전한 물그릇이 되면 우리가 물두멍이 되는 것이다. 물두멍이 된 후에는 매일 물을 담아야하며, 바닥나면 또 교회에 와서 퍼 담는 것이다.

떡상

　떡상은 '진설병상', '금상'이라고도 한다. 떡을 올려놓았다고 해서 '떡상'이라고 하며, 금으로 만들었다고 해서 '금상'이라고도 한다. 한 자어로 베풀 '진(陳)'에 베풀 '설(設)'로 제사에 음식을 차려 놓았다고 해서 진설병상이라고도 한다. 이 떡상은 하나님 앞에 드리는 상으로 전부 금으로 썼다. 이 떡상에는 네 가지를 놓았는데 떡, 숟가락, 포도주, 포도주 잔이며, 숟가락, 포도주 잔도 모두 금으로 만들었다.

:: 떡상

그렇다면 여기서 말하는 떡은 무엇인가? 떡은 하나님 앞에 드리는 물질이다. 우선 물질의 떡으로 볼 수 있다. 강대상이 바로 떡상이 된다. 상위에 밥을 올려놓으면 밥상, 술을 올려놓으면 술상이 되는 것처럼, 그 위의 놓는 것에 따라 그 상의 위치와 존재 가치가 정해진다. 이 떡상의 떡은 예물로도 볼 수 있지만 이 성경책이 바로 생명의 떡으로 볼 수도 있다. 그럼 예배 시간에 생명의 떡을 올려놓은 강대상이 바로 떡상이 되는 것이다.

예수 그리스도는 우리에게 떡으로 오셨다고 하셨다. 예수 자신이 우리의 떡이다.

"예수께서 이르시되 나는 생명의 떡이니 내게 오는 자는 결코 주리지 아니할 터이요 나를 믿는 자는 영원히 목마르지 아니하리라"(요한복음 6:35)

"내가 곧 생명의 떡이니라"(요한복음 6:48)

예수님은 나를 위해 떡으로 오셨다. 예수님의 살은 우리의 떡이다. 예수님의 피는 우리를 위한 음료수다. 이것을 기념하기 위해 성찬식을 한다. 그는 정말로 우리의 희생의 떡으로 왔는가?
모든 성경은 짝이 있고 그 안에 숨겨진 뜻이 있다고 했다.

"너희는 여호와의 책에서 찾아 읽어보라 이것들 가운데서 빠진 것이 하나도 없고 제 짝이 없는 것이 없으니 이는 여호와의 입이 이를 명령하셨고 그의 영이 이것들을 모으셨음이라"(이사야 34:16)

모든 성경은 다 짝이 있다. 남자의 짝은 여자이고, 구약의 짝은 신약이며, 하늘의 짝은 땅이고, 음과 양이 합하여 전기와 전자 원자를 이루게 된다. 태양과 달이 짝이 되어 음력과 양력으로 사시(四時)와 일자와 신체의 주기를 만들었다. 하나님의 영이 이 성경구절을 모아 놓았기 때문에 이것을 통해 짝들을 찾을 수 있다. 예수님을 외양간에 태어나게 한 것 역시 구약의 말씀을 성취하기 위함이요, 짝을 이루기 위함이다. 외양간은 짐승이 사는 곳이다.

"소는 그 임자를 알고 나귀는 그 주인의 구유를 알건마는 이스라엘은 알지 못하고 나의 백성은 깨닫지 못하는도다 하셨도다"(이사야 1:3)

예수님이 짐승의 구유에서 태어날 것을 이사야는 암시적으로 예언을 했다. 예수님께서 개와 돼지에게 진주를 던지지 말라는 것은 개, 돼지 같은 인간을 말한다. 진주를 알아보지 못하는 인간을 개, 돼지로 비유했으므로 그들에게 예수님은 생명의 양식이 되어 짐승의 구유에 태어나신 것이다.

다윗도 자신을 구더기 같은 인생이라고 했으며 야곱은 버러지 지렁이 같다고 했다. 심지어 다윗은 자신을 죽은 개만도 못하다고 했다. 욥은 자신을 구더기 같은 인생이라고 했다. 이런 짐승 같은 우리에게 생명의 양식을 주셔서 하나님의 자녀, 신성을 가진 자녀로 우리를 탈바꿈 하게 하기 위하여 이 곳에 오셨다.

"성경은 폐하지 못하나니 하나님의 말씀을 받은 사람들을 신이라 하셨거든"(요한복음 10:35)

짐승의 새끼는 짐승이고, 사람의 자녀는 사람이며, 하나님의 자녀는 신성을 가진 신의 자녀가 된다. 예수님도 마지막 때에 염소와 양을 갈라놓는다고 하여 짐승으로 비유하셨으며, 사도행전에 베드로가 기도할 때 환상 중에 더러운 짐승이 내려오는 것을 보고 그 짐승들이 바로 이방인임을 알게 하셨다(사도행전 10장). 각종 더러운 짐승에게 복음을 주어 더 이상 짐승으로 살지 말라는 것이다.

우리 인간을 비유하는 성경 속 짐승의 특징은 첫째 영이 없다. 오늘날 인간들이 성령이 있어야하는데 그렇지 못하다. 혼이 육의 지배를 받고 살아가고 있는 것이다. 그리고 다시 혼이 영을 지배하고 살아가니 성령 없는 인간을 성경에서는 짐승이라고 말한다.

둘째, 짐승은 부모를 몰라본다는 말이 있는데, 나를 이 곳에 있게 하신 진짜 부모님이신 하나님 아버지를 몰라보면 금수와 같다고 할 수 있다. 짐승이 사는 외양간은 이 세상의 속세를 말한다. 그 외양간에 짐승의 밥그릇을 만들어 놓았다. 아버지 밥그릇은 아버지가 드시는 것이고, 어머니 밥그릇은 어머니가 드시고, 강아지 밥그릇은 강아지가 먹는 것이다. 그러므로 짐승의 밥그릇에 담아 둔 것은 짐승보고 먹으라는 것이다. 짐승만도 못한 내가 그것을 먹었더니 더 이상 짐승으로 땅만 보고 살지 않고 이제 하늘을 보고 살게 된다.

밥을 먹는 자는 밥으로 말미암아 살게 되고, 떡을 먹는 자는 떡으로 살게 되고, 예수를 먹는 자는 예수로 말미암아 살게 된다. 그래서 예수는 자신을 먹고 예수로 말미암아 살라고 하셨다. 그리스도는 예수를 먹는 종교이며 그것을 예식으로 고백하는 것이 성찬 예식이 된다. 그리고 그것을 삶으로 살아가는 것이 개종 고백이 되고, 그것을 시인하는 것이 구두 고백이며, 그것을 마음으로 결정하는 것이 심중 고백이 된다.

예수님은 피와 살로 되어 있다. 예수의 살과 피를 먹는 게 기독교다. 이 상징을 해석하면 기독교는 말씀과 성령을 체화(體化)하는 신앙 공동체다. 그래서 초대 교회에서는 그리스도인들을 식인종이라고 오해했다. 지금도 이를 영적으로 보지 못하고 영적으로 듣지 못하면 다양하게 오해하고 여러 가지로 왜곡하게 된다. 주가 내 안에 있다는 것은 그의 말씀이 내안에 거한다는 것이며, 내가 주안에 있다는 것은 우주에 가득한 말씀 안에 내가 체화되어 성육신의 삶을 살아간다는 뜻이다.

밥을 먹으면 밥이 내 안에 있는 것처럼 예수님을 먹으면 예수님이 내안에 있는 것이다. 예수님은 '내가 너에게 살과 피를 주었으니 너도 주라'고 하신다. 이제 내가 그의 제자로 살게 되는 것이고 이것이 제자된 삶이요, 자기를 부인하고 자기 십자가를 지고 예수를 따르는 삶이 된다.

이 떡은 정확히 이스라엘 중동 지방의 주식인 빵이다. 그런데 사실 떡은 우리의 주식이 아니기에, 밥이나 양식이 더 정확한 번역이다. 이 떡은 성경에서 말하는 빵으로 원료는 밀이다. 그 밀이 주식이 되는데 이 밀알이 떡이 되기 위해서는 반드시 부서져서 죽어야만 떡이 되고 빵이 되는 것이다.

주님은 그 한 알의 밀알이 자기 자신이라고 하셨다. 한 알의 밀이 땅에 떨어져 죽으면 많은 열매를 맺는다고 하셨다. 한 알의 밀이 죽어 많은 열매 맺었는데 그 많은 열매가 바로 우리인 것이다. 그래서 우리도 밀인 것이다. 밀의 열매는 밀이기 때문이다. 예수님은 밀알인 자신을 죽여 밀알이 사라졌고, 우리의 밀알은 죽지 않고 그대로 있어 하나 되지 못하고 연합되지 못하고 홀로 독불장군처럼 존재하고 있다.

하나님은 이 밀알을 그냥 받으시지 않고 반드시 밀알을 맷돌로 갈아서 가루를 만들어 쓰신다. 맷돌은 두 개의 맷돌로 갈아야 하는데 예수님은 자신을 살아있는 돌이라 칭하셨고, 예수님의 말씀을 반석이라고 했다.

"그러므로 누구든지 나의 이 말을 듣고 행하는 자는 그 집을 반석 위에 지은 지혜로운 사람 같으리니"(마태복음 7:24)

"사람에게는 버린 바가 되었으나 하나님께는 택하심을 입은 보배로운 산 돌이신 예수께 나아가"(베드로전서 2:4)

살아있는 돌, 두 개의 맷돌인 하나님의 말씀으로 나를 갈아서 나는 없어지고 하나가 되도록 나를 빻아야한다. 예수님은 비유가 아니면 아무것도 말씀하시지 않았다.

"예수께서 이 모든 것을 무리에게 비유로 말씀하시고 비유가 아니면 아무 것도 말씀하지 아니하셨으니"
(마태복음 13:34)

"비유가 아니면 말씀하지 아니하시고 다만 혼자 계실 때에 그 제자들에게 모든 것을 해석하시더라"(마가복음 4:34)

바울은 구약을 그리스도로 해석해 가려졌던 수건을 벗기라고 했다.

"그러나 그들의 마음이 완고하여 오늘까지도 구약을 읽을 때에 그 수건이 벗겨지지 아니하고 있으니 그 수건은 그리스도 안에서 없어질 것이라"(고린도후서 3:14)

밀알은 말씀이신 두 돌 판에 넣어 바싹 부숴야한다. 성경에도 분명히 두 여인이 맷돌질 하다가 하나는 데려감을 당하고 하나는 버려둠을 당한다고 했다.

"두 여자가 맷돌질을 하고 있으매 한 사람은 데려가고 한 사람은 버려둠을 당할 것이니라"(마태복음 24:41)

맷돌을 돌리는 것은 여자가 하는 것이다. 그리고 말씀을 돌리는 것은 신부인 교회가 그 역할을 감당하는 것이며, 오늘 열심히 가루로 만드는 교회에게는 구원이 있는 것이다. 직분으로 구원을 얻는 게 아니라 열심히 맷돌질을 해야 된다. 밀알인 우리는 무조건 부서지고 깨져, 이제 나의 모습은 없어지고 예수의 모습만 드러나 하나된 공동체가 되어야한다.

영혼 구원도 마찬가지다. 농사도 수분이 있어야 하듯, 영혼 구원도 수분이 있어야하고 목회도 수분이 있어야 하는 것과 같다. 산모가 아기를 낳을 때도 수분을 쏟는다. 백년도 못사는 생명을 낳을 때도 그런 수분이 필요한데 영원한 생명을 얻는데 땀과 눈물이 없으면 안 된다.

부숴진 밀은 맷돌에 붙게 되고, 부숴진 심령은 말씀에 붙게 된다. 그러나 똑같은 맷돌질을 해도 안 부숴진 밀은 저 멀리 튕겨 나가게 된다. 말씀과 거리가 멀어지고, 맷돌과 멀어지고 맷돌을 돌리는 여인과도 멀어진다.

내가 부숴졌는지 안 부숴졌는지 어떻게 알 수 있을까? 말씀은 거울과 같다고 했으니 말씀에 비춰보면 부숴졌는지 아직 통 밀알인지 구분할 수 있게 된다. 첫째, 안 부숴진 밀알은 빛깔부터 다르다. 부숴진 밀은 심령도 얼굴도 다르게 된다. 안 부숴진 밀은 검고 탁하다. 그래서 수심이 가득하고 어둡고 걱정이 많고 인상을 쓰고 있다.

그렇게 빛깔을 통해서 알 수가 있다.

둘째, 부숴지지 않은 밀은 딱딱하고 강퍅해 들어갈 틈이 없다. 손톱도 안 들어간다. 그러나 부숴진 밀은 뭉쳐지고 부드러워져서 손톱은 물론이거니와 주먹도 들어간다. 그래서 성경 말씀을 보면 아멘으로 화답하는 교회가 하나님의 영광을 받는 교회임을 알 수 있다.

셋째, 부숴지지 않은 밀은 절대로 합쳐지지 않는다. 작은 밀알 두 개도 두 몸도 단결이 되지 않는다. 친 형제끼리도 하나 되지 않고, 독불장군이 따로 없고 혼자 잘나서 혼자만 살아간다. 외롭기가 그지없고 은혜는 받지 못하고 역사도 일어나지 않는다. 그러므로 나 자신을 반드시 죽여야 생명의 양식이 되는 축복이 오게 된다.

그러나 부숴진 밀은 어디에서 왔든 바로 하나가 된다. 아직까지도 '어느 학교, 어느 고향, 어느 지역에서 왔느냐?'로 하나 되고, '공부를 했느냐?' '돈이 있느냐?'에 따라서 사람들이 모이고 당을 짓는다면 아직도 부숴지지 않은 것은 물론이거니와 이것은 교회가 아니라 사(私)집단이나 마찬가지다. 부숴진 밀은 미국에서 왔던, 강원도에서 왔던, 아프리카에서 왔던 차별 없이 하나 되는 것이다. 이것이 바로 진정한 신앙의 공동체다.

정말로 부숴진 교인들은 교단도 없고 교파도 없으며, 부숴진 밀가루는 말씀에 강력히 붙어 말씀을 떠날 줄 모르게 된다. 하지만 부숴지지 않은 밀가루는 성경과 상관이 없는 삶이 된다. 이질적인 삶을 살고 목회자와 성도와 하나 되지 못하고 이질감과 분열 속에 고립된 삶을 살게 된다. 이것이 죄이고 이것이 감옥이며, 이것이 지옥이다. 죄라는 것은 영어로 '분리'를 말하는 것이며, 성경의 나병환자도 분리를 말하는 것이고, 성경적 죄가 바로 '분리', '격리'를 말한다.

성경에 부숴진 밀가루의 다음 과정으로 기름을 부어 반죽하라고 명하셨다. 기름을 부어서 반죽을 하라는 것은 자기를 부인하고 자기를 죽이고 회개한 심령에게 성령을 부어 주신다는 말씀이다.

"베드로가 이르되 너희가 회개하여 각각 예수 그리스도의 이름으로 세례를 받고 죄 사함을 받으라 그리하면 성령의 선물을 받으리니"(사도행전 2:38)

부숴지지 않은 사람이 성령의 기름을 달라고 하면, 사도행전 2장의 말씀에 근거할 때 성령을 하나님이 줄 수 없다. 만일 그래도 받았다고 한다면 이는 성령이 아니라 망상이나 악령일 수 있다.

기름 반죽 후 성령 받았으니 다 되었다고 생각하면 절대 안 된다. 성령을 아무리 받아도 자신의 성질은 남아 있기 때문에 그 다음 단계로 가야만 된다. 그러므로 성령을 받고 다 되었다고 생각하면 안 된다. 아무리 방언을 해도, 예언을 해도, 신유를 해도 남 욕하고 예전의 것 그대로 남아 있다고 하면 이것은 정말 성령 받은 자라 할 수가 없다. 그래서 기름 반죽이 되었거든 다음은 번철에다 구우라고 했다. 번철에다 구우면 성령 받은 사람은 타지 않고, 성령을 받지 못한 사람은 타 버린다. 그래서 기름부음을 받은 후, 불같은 시험 받은 후 자신이 타버리는지 아니면 구워져서 성숙 되는지를 통해 자신이 진정한 성령의 기름부음을 받았는지 알 수 있다.

밀을 맷돌로 가루로 만들었으면, 고운 가루에 기름을 섞고, 번철에 구워야한다.

"네가 화덕에 구운 것으로 소제의 예물을 드리려거든 고운 가루에 기름을 섞어 만든 무교병이나 기름을 바른 무교전병을 드릴 것이요 철판에 부친 것으로 소제의 예물을 드리려거든 고운 가루에 누룩을 넣지 말고 기름을 섞어"

(레위기 2:4-5)

"그것을 기름으로 반죽하여 철판에 굽고 기름에 적셔 썰어서 소제로 여호와께 드려 향기로운 냄새가 되게 하라"

(레위기 6:21)

이 번철은 바로 예수 그리스도를 말한다. 이 떡이 예수 안에 있을 때, 이 불은 나를 먹기 좋은 흠향하기 아름다운 떡으로 만든다. 이 불은 시험의 불, 연단의 불로도 사용된다. 제물이 연단의 불에 구워진다는 것은 제물에게 고통이 될 수 있지만 주님이 번철 그 자체이기 때문에 사실은 예수님이 먼저 고통을 당하는 것이다. 따라서 교회를 핍박하는 것은 사실 그 이전에 예수님을 핍박하는 것이며, 내가 시험 고통당할 때는 예수님이 먼저 고통을 당하고 있다는 사실로 위로와 감사가 선행되어야 한다.

시험 받을 때 절대 나 혼자 시험과 환난을 받는다고 생각하면 안 된다. 따라서 이 떡에 뜨거운 고통을 가하는 것은 괴롭히려고 하는 것이 아니며 익히려고 하는 것이다. 그러므로 이 떡에 불을 가하는 것은 멸망시키려는 것이 아니고 살리려는 것이다. 먹여서 살리려는 것이다. 우리를 잘 익혀서 하나님이 받으시기에 합당한 제물이 되게 한 후에 우리에게 영적 양식을 주어 살리려는 것이다.

예수님은 날 것, 즉 불에 굽지 않은 것은 드시지 않는다. 다시 정리하면 불같은 시험이 없으면 하나님이 안 드신다는 것이다. 그래서 성경은 너희가 여러 가지 시험 당할수록 온전히 기뻐하라고 했다. 시간이 갈수록 내가 익으니 얼마나 감사한가? 은혜 받고 시험 올 때, 내가 성령 받았는데 왜 시험이 오는가? 내가 성서대학을 하고, 수련회를 참석하고, 부흥집회에서 은혜 받았는데 왜 시험을 받는가라고 생각하면 안 된다. 그것은 내가 정금과 같이 만들어지는 과정이자 반드시 지나가야하는 축복된 과정이기 때문이다.

예수님 자신도 시험을 받으셨다. 반석 위에 세운집이나 모래 위에 세운 집이나 바람 불고 창수가 이는 것은 같다. 다만 시험 올 때 무너지지 않는다는 것만 다른 것이다. 성령을 많이 받든 적게 받든 시험이 오는 것은 같다. "너희가 세상에서 시험을 당하나 담대하라 내가 세상을 이기었노라" 이 말씀으로 우리는 여러 가지 시험을 당하나 기뻐하고 반드시 승리해야하는 것이다.

성령 못 받은 통 밀알이 맷돌 근처에서 성령을 받았다고 착각하지만 이 통 밀알을 불에 넣으면 타버리게 된다. 기름 반죽이 안 되면 또 다시 타버리게 된다. 그러나 성령 받은 사람은 시험이 올수록 잘 익게 된다. 그래서 시험과 역경이 오히려 우리를 더욱 단단히 만든다. 따라서 성령 받은 사람은 절대 망하지 않는다.

그래서 시험이 올 때, 내 마음이 타거나 내가 하나 되지 못하거나 얼굴이 어두워진다면, 아직도 '내가 덜 익어서 그렇구나!'라고 생각하면 된다. 그럼 언제까지 시험의 불을 때는가? 익을 때까지 불을 땐다. 만일 빨리 졸업하기 원하면 기름부음 받고 익어 버리면 되는 것이다. 시험을 빨리 끝내려면 빨리 익으면 된다. 빨리 졸업하고 빨리 통과하면 되는 것이다. 반면 익지 않으면 평생 불에 때인다.

이 떡은 반드시 양면으로 구우라고 했다. 따라서 교회안과 밖, 가정과 교회, 직장과 학원 모두에서 익혀져야 한다. 한쪽만 익으면 제단에 올라가는 떡이 될 수 없다.

"에브라임이 여러 민족 가운데에 혼합되니 그는 곧 뒤집지 않은 전병이로다"(호세아 7:8)

한쪽은 익었는데 한쪽은 설익은 것이다. 하나님은 설익은 것은 입에서 토하신다고 하셨다. 전병이 한쪽만 익었는데도 다 익었다고 착각하는 경우가 많다. 성경은 이쪽, 저쪽 양쪽 다 익어야한다고 말한다. 떡의 교회 쪽이나 가정 쪽이나, 익은 쪽 안 익은 쪽이 있을 수 있기 때문이다.

금등잔(Menorah)

"너는 순금으로 등잔대를 쳐 만들되 그 밑판과 줄기와 잔과 꽃받침과 꽃을 한 덩이로 연결하고"(출애굽기 25:31)

등불은 누구인가? 성경에는 첫째 하나님과 예수님을 등불이라고 한다.

"그 성은 해나 달의 비침이 쓸 데 없으니 이는 하나님의 영광이 비치고 어린 양이 그 등불이 되심이라"
(요한계시록 21:23)

또한 인간을 등불이라고도 했다.

"요한은 켜서 비추이는 등불이라 너희가 한때 그 빛에 즐거이 있기를 원하였거니와"(요한복음 5:35)

요한이 바로 등불이다. 그렇다면 요한과 같이 예수 믿고 은혜 받은 사람 모두를 등불이라고 할 수 있다. 우리가 가정에 가면 가정을 밝히고, 직장에 가면 직장을 밝히고, 교회에 가면 교회를 밝히는 것이 정상적이다.

특별히 우리 인간의 신체 기관 중에는 눈이 등불이라고 했다.

"눈은 몸의 등불이니 그러므로 네 눈이 성하면 온 몸이 밝을 것이요"(마태복음 6:22)

우리의 눈이 몸의 등불이라는 것이다. 따라서 눈이 열려야한다. 예수님의 많은 기적 중 하나가 맹인이 눈을 뜨는 것이고, 사도바울의 급진적 회심은 비늘 같은 것이 눈에서 벗겨지면서 시작 되었다. 남들이 보지 못하는 것을 보게 되는 것, 그것은 빛의 세계로 들어옴을 말한다. 요한계시록의 라오디게아 교회는 보기는 보아도 보지 못한다고 했다. 우리의 영혼 역시 등불이다.

"사람의 영혼은 여호와의 등불이라 사람의 깊은 속을 살피느니라"(잠언 20:27)

예수 믿고 예수의 빛이 들어가면 그 영이 성령과 연합하여 등불이 되어 밝아 지지만 그렇지 않으면 캄캄해서 더듬거리다가 흑암에서 낭떠러지로 떨어지고 만다. 우리는 항상 빛의 세계로 다녀야한다. 성경은 주의 말씀이 등불이라고 했다.

"주의 말씀은 내 발에 등이요 내 길에 빛이니이다"
(시편 119:105)

그렇다면 이 등불은 언제 어디서 어떻게 켜야 하는가?

"이스라엘 자손에게 명령하여 불을 켜기 위하여 감람을 찧어낸 순결한 기름을 네게로 가져오게 하여 계속해서 등잔불을 켜 둘지며 아론은 회막안 증거궤 휘장 밖에서 저녁부터 아침까지 여호와 앞에 항상 등잔불을 정리할지니 이는 너희 대대로 지킬 영원한 규례라"(레위기 24:2-3)

등불은 회막 안에서 저녁부터 아침까지 하나님 앞에 항상 켜야 한다. 이 말씀은 교회에 불이 꺼지면 안 된다는 의미다. 자연의 빛이 들어오기 까지 캄캄한 어둠의 세상에 우리의 등불은 항상 켜야 하는데, 성경은 이 등불을 항상 기도의 불로 비유했다.

∷ 금등잔

즉, 교회는 예수님이 다시 오실 때까지 기도의 불을 끄면 안 된다.

이 금등잔을 금촛대로 번역하는 경우가 있는데, 이는 잘못된 오역이다. 등잔대는 감람유를 통해서 불을 켜는 것이고, 기름이 떨어지면 불이 꺼지게 되어 있다. 감람유는 올리브유를 말하는 것으로 기름 부음과 연관 있다. 메시야는 '기름부음 받은 자'를 말한다. 오늘 우리는 그 메시야로 부터 다시 기름 부음을 받는 것이다. 이것을 성령의 기름 부음을 받았다고 한다. 여기에 불이 떨어지면 불이 붙어 기름이 다하기 까지 계속 불을 밝히는 것이고, 기름이 떨어지지 않는 한 영원히 비춰게 되는 것이다. 주님의 빛은 영원한 빛이기에 기름만 영원하다면 우리의 빛도 영원 속에 거하게 된다.

로마서에 보면 감람나무를 예수로 지칭하고 있다. 금등대가 나무 형상을 하고 있는데 뿌리, 줄기, 가지로 되어 있다. 이것은 살구나무 형상을 하고 있다. 살구 형상이 22개의 살구 꽃 모양을 하고 있는데 한 가지에 3개씩 양쪽 3가지씩 총 6가지니 18개의 살구 꽃 모양이 있고, 가운데 줄기에 4개의 살구꽃이 있으니 총 22개의 살구 꽃 모양이 있다. 22개의 살구꽃은 22개의 히브리어 글자를 상징하고 이는 하나님의 말씀을 상징한다. 시편 119편에 '주의 말씀은 내 발에 등불'이라고 했는데 히브리어 글자 전체가 하나님의 말씀을 전하고 있으므로 이 글자 전체가 등불이 되는 것이다. 히브리어 숫자의 총수는 22로 2와 2가 두 번 표시 된다.

세계 최초로 이진법과 미적분을 발명한 라이프니치(Gottfried Wilhelm Leibniz, 1646~1716)는 컴퓨터 개념을 세우고 계산기를 발명한 사람으로 컴퓨터 언어 0과 1 두 숫자로 모든 디지털 세계를 창조했다. 이는 음양이론과 상당히 유사하며 여기에서 이진법의 아이디어를 얻었다. 라이프니치는 독일의 철학자 수학자로 서양에 최초로 동양의 음양이론을 소개한 사람으로서 그럴 가능성이 농후해 보인다. 이 2라는 숫자는 둘이 합하여 생명을 탄생하는 놀라운 숫자인 것이다.

물리학의 'EPR 쌍입자 이론'(Einstein-Podolsky-Rosen paradox)에 의하면 모든 입자는 짝을 가지고 있으며, 이는 빛의 속도를 초월하여 동시에 한쪽 입자가 다른 한쪽에 영향을 주게 된다는 것이다. 모든 입자가 짝을 이루고 있다. 하나님의 말씀이 짝을 이루어 역사가 나타나고, 말씀과 성령이 짝을 이루어 구원의 세계가 열리게 된다.

미국 독립선언서를 작성한 벤자민 프랭클린(Benjamin Franklin, 1706-1790)은 나에게 26개의 납 군인을 준다면 세상을 변화시키겠다고 했다. "Give me 26 lead soldiers and I will conquer the world."(Benjamin Franklin) 그는 26개의 알파벳 활자를 통하여 독립선언서를 작성해 미국을 영국으로부터 독립시켰다. 세상의 글자가 세상을 변화시킨다면 하나님의 글자가 우주와 나를 변화시킬 수 있는 것이다.

22개의 살구꽃 형상으로 금등잔을 만든다. 감람나무, 버드나무, 상수리나무, 잣나무, 무화과나무, 아카시아나무 등 너무 많은 나무들이 있는데, 왜 금 등잔대는 살구나무 형상으로 하는가? 살구나무는 예수님을 상징한다. 살구나무는 어느 곳이든 있는데 살구나무는 어디서든 겨울이 지나면서 제일 먼저 싹이 튼다.

하나님은 에덴 동산(기쁨 동산)에 인간을 만드시고 생육하고 번성하라고 하셨다. 인간들이 하나님과 함께 살 때는 하나님이 빛이시니 항상 낮이고 여름인데, 인간이 범죄 해 하나님이 떠나니까 범죄한 인간 세상은 영적 겨울이고 태양이 멀어지고 어둠이 밀려오는 것이다.

성령의 단비가 오지 않아 성령의 역사는 없고 땅은 마르고 냉혹한 바람이 불고 하늘은 어두워진다. 캄캄하여 앞을 가늠할 수가 없다. 그래서 인간 역사가 차디차고 냉혹하다. 인간의 역사는 겨울의 연속이고 차디차고 냉혹하고 춥고 봄이 오지않는 얼어붙은 역사다.

석존이 40일 동안 보리수나무 아래에서 금식한 후 히말라야 산속에 들어갈 때 28세 그의 부인이 진리를 찾아 살길이 있다면 나도 데리고 가달라고 했지만, 천상천하 유아독존(天上天下 唯我獨尊)인지라 깨달음의 세계에는 자기의 아내도 자녀도 없었던 것이다. 그 당시 석존의 아들의 나이가 10세였으니, 그는 어린 나이에 아버지를 여의게 되었다. 석존이 인생에 봄을 맞이해보려고 하다가 춘다가 준 돼지고기를 먹고 식중독으로 세상을 떠나게 되었다.

공자는 제자가 70여명이 있었는데 그의 깨달음과 학식이 하도 탁월해 태어나면서 모든 이치를 깨달았다하여 그를 가르켜 생이지지(生而知之)라 하였고, 맹자는 태어나서 환경에 지배를 받아 깨달았다해 학이지지(學而知之)라 칭했다. 또한 맹모삼천지교(孟母三遷之敎)라 해 무덤 근처에 살았을 때는 매번 장송가를 부르고, 시장에 살았을 때에는 매번 장사꾼 흉내를 내어 서당 근처로 이사를 갔다는 것이다. 그 맹자보다 뛰어나다는 공자에게 제자들이 '우리가 죽어서 어떻게 되느냐?'고 물으니 내일 일도 모르는데 죽어서 일을 어떻게 아느냐고 되묻고, 눈썹이 몇 개냐고 물으니 그건 너무 가까워서 모르겠다고 했다.

결국 답을 찾다가 답을 찾지 못하고 끝나는 것이 인생이다. 길을 찾는 구도자의 삶을 살다가 결국 끝나버리는 것이 인생의 길이라면, 기독교는 예수라는 답이 있기 때문에 구도자의 길이 아니라 전도자의 삶을 살게 한다. 죽었다가 살아난 분은 인류의 4대 성자 중에 예수 밖에 없다.

노자, 장자, 맹자가 인생에게 완전한 봄을 주지 못하고 싹을 피어

보지 못했지만 예수는 '나는 길이요 진리요 생명이라'하여 완전한 봄을 선사하고 가신 것이다. 겨울 속에서 제일 먼저 싹을 트고 나왔으니 예수가 바로 살구나무다.

예수님은 나무의 줄기요, 하나님은 뿌리요, 우리는 가지이므로 이 가지가 줄기에서 진액을 섭취하고 줄기는 뿌리에서 진액 섭취하게 된다. 가지가 나무줄기에 붙어 있지 아니하면 살 수 없고, 마르고 장작이 된다. 그래서 가지 된 인간은 살구나무인 예수에게 항상 붙어야 사는 것이다. 대통령이든, 왕이든 예수에 붙어 있는 사람만이 살 수 있다. 남녀노소를 막론하고 예수에 붙어있지 않는 사람은 살았으나 실상은 죽은 것이고, 교회도 예수에 붙어 있지 않으면 죽어 있는 것이다.

사람의 혼은 반드시 상대를 통해서 일어나게 되어 있는데, 변함없는 메시야 예수를 통해 사람의 혼이 일어나게 되면 흔들림이 없게 된다. 이것이 바로 평정이며, 세상이 알 수 없는 평안이며 풍랑 가운데에서도 두려움이 없는 평안함인 것이다. 따라서 세상에 예수보다 귀한 것은 없고 예수에게 붙어 있으라는 것은 그의 몸인 참 된 교회에 붙어 있으라는 것이다. 교회는 보이는 않는 예수의 몸인 것이다.

가지가 줄기에 붙어 있을 때 기름이 충만하고, 빛 노릇을 한다. 사람이 시험을 받아 교회 줄기에서 끊어지면 신앙의 등잔이 박살나고, 기름은 다 쏟아지고, 빛 노릇하던 불은 모두 다 꺼지게 된다. 왜 가지가 줄기에서 끊어지게 되는가? 이 세상은 사막이며 광야이기에 거센 바람이 불게 되어 있다. 그래서 줄기에 붙어 있던 가지가 끊어지게 된다. 이는 마치 사막과 같은 광야에서 거센 사막 폭풍이 불 때와 같다. 교인들이 교회에서 끊어지게 되는 것은 바로 영적으로 시험의 바람이 불어서 그런 것이다.

금 등잔대는 이 줄기에 붙어 있는 가지를 바람이 불어도 끊어지지 않게 금으로 받침을 붙이라고 말씀하신다. 받침을 붙이면 바람이 불어도 흔들려도 찢어지지 않는 것이다. 두 개의 받침, 신구약 말씀으로, 반석으로 붙이라는 것이다. 따라서 이 말씀의 진리를 바탕으로 우리 신앙생활의 근간으로 붙이면 교회의 어떤 바람에도 끊어지지는 않는다.

금 등잔대는 심지가 있고 감람유를 부어 불을 붙인다. 여기에 불똥이 생기면 그을음이 나고 연기가 나고 그러면 방이 어두워지고 그을음과 연기로 가슴이 답답해지고 눈에서 눈물이 나오게 된다. 빛을 밝히려다가 남의 눈에 눈물이 나게 하고, 자기 눈에는 피눈물이 나게 된다. 원망, 불평이 속에서 나오고 기쁨이 사라진다.

금 등잔대에 불을 킬 때는 갑자기 빛이 난다 해도 언제 불똥이 일지 모르니 불똥 그릇을 준비하고 불 집개를 준비해놓아야 한다. 성경에서 말한 대로 제사장은 아침저녁 살펴 불똥은 불집게로 집어서 갖다 버려야한다. 우리의 빛을 방해하는 원망과 의심 불만 불평 시기 질투 저주 짜증의 불똥을 잡아서 갖다 버려야한다.

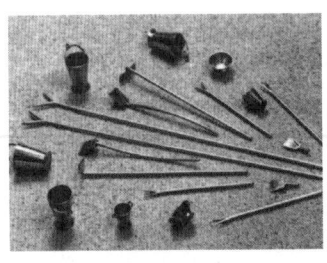
:: 번제단의 도구들

불똥이 생기는 몇 가지 이유가 있다. 첫째, 기름이 마르면 불똥이 생긴다. 은혜가 떨어지면 꼭 신경질, 원망, 불평이 생긴다. 이는 은혜는 매일 받는 것인데 수련회 때 받은 은혜로 1년을, 평생을, 몇 주, 며칠을 견디려 하기 때문이다. 이 기름은 매일 받아야 하는 것인데 이 기름이 떨어지면 심지가 타 들어가게 되어있다. 심지라는 것은 한자로 써도 마음 '심(心)'에 뜻 '지(志)'로 마음이 타들어 가는 것을 말한다. 그래서 아무리 사업이 잘 되도 마음이 타들어가는 사람이 있는가 하면, 사업이 어려워도 날마다 기쁨과 평안 가운데 있는 자가 있다.

오늘날 교회 원망, 불망, 불평하는 자는 많은 경우가 은혜의 기름이 떨어져서 그렇다. 그러나 기름이 충분한데도 연기를 내는 경우가 있다. 이는 심지가 너무 올라가 있어서 그렇다. 나는 금식하고 왔는데 목사님이 금식을 안 한다, 나는 철야 기도하는데 장로님은 철야 기도를 안 한다고 생각하면서 자기를 자꾸 올리게 되면 심지가 높아져서 타버리고 불똥을 만드는 것이다.

나는 이만큼 했다고 하면서 자기 자랑을 하면 남에 대해서 원망이 생기게 된다. 그런 사람은 제사장이 불똥 그릇과 불똥 집개로 잡아 길게 올라온 심지는 잘라내야 한다. 반대로 심지가 올라오지 않았는데 연기가 나는 경우는 심지가 너무 낮게 있을 때도 그렇다. 낙심, 절망, 우울증, 불면증 등으로 괴로워하는 자들은 제사장이 불똥 집게로 잡아서 심지를 쭉 빼내야한다. 자꾸 칭찬하고 격려하고 사랑 해줘서 심지를 올려 주는 것이다.

결론적으로, 불똥이 생기고 연기가 나고 눈물이 나고 탁하고 어두워지는 것은 첫째, 기름이 말라서다. 이는 기도로 성경의 기름 부음을 받아야하며, 둘째, 심지가 높아서 타버리고 연기 나는 경우는 말씀의 칼로 자기가 아무것도 아닌 존재임을 알게 심지를 가차 없이 잘라줘야 한다. '이 버러지 같은 야곱아'라고 하나님이 야곱을 버러지로 만든 것처럼 우리는 주님 앞에 아무것도 아님을 깨달아야 한다. 셋째, 심지가 낮아서 자존감이 없고, 겁이 많고, 두려움 가운데 있으며, 우울한 가운데 있는 자들은 반대로 소망을 주고 격려해줘서 심지를 위로 뽑아줘야 한다.

이 금 등잔대는 저녁부터 낮까지 해 질 때부터 해 뜰 때까지 반드시 켜져 있어야한다. 에덴동산에서 죄 지었을 때 해가 졌다. 예수님이 다시 오실 때까지 교회의 기도의 불은 꺼지지 말아야한다. 성도들은 그을음 나지 않고 꺼지지 않게 제사장들이 불을 항상 밝히도록 해야 한다. 제사장은 불 똥 그릇과 불 집게를 항상 가지고 다녀야 하는데, 이는 신약, 구약 말씀이다. 항상 소망과, 겸손 이라는 불집게와 불똥 그릇으로 그들을 살펴야 한다.

불똥 그릇은 제사장 자신으로 제사장은 재통처럼 온갖 상처 아픔 마음의 찌꺼기를 담게 된다. 그래서 오늘의 목사는 불똥 그릇이다. 여기서 '불' 자만 빼면 똥 그릇이 된다. 옛 말에 선생님의 똥은 개도 안 먹는다는 말이 있는데 선생의 속이 하도 타서 이런 말이 나왔을 것이다.

나는 오래 전 성황당 근처에 살았던 적이 있는데 재개발이 되면서 성황당 나무들을 다 잘라내니 성황당 나무들마다 속이 전부 썩은 것을 볼 수 있었다. 나무 앞에서 매일 죽겠다하니 그 나무가 어떻게 속이 멀쩡하겠는가? 목사의 속이 보혈의 피로 씻지 아니하면 목사 자체가 똥 그릇이 될 수도 있다.

예수님이 우리는 세상의 등불이라고 하셨다. 등불을 정리해서 항상 어두움이 물러가게 하여 직장을, 학교를, 가정을, 교회를 밝혀야 한다. 낙심, 불만, 불평, 교만, 가정, 직장을 어둡게 하고 눈물 나게 하는 사람, 그리고 영적인 병듦은 위 세 가지 중 어떤 부분에 문제가 생겼는지 살펴보아야한다.

기름 등불 준비하는 지혜로운 신부가 되어 불을 꺼뜨리지 않는 성도가 되기 위해 우리는 매일 말씀과 기도로 준비되어야 한다.

분향단

"너는 분향할 제단을 만들지니 곧 조각목으로 만들되 길이가 한 규빗, 너비가 한 규빗으로 네모가 반듯하게 하고 높이는 두 규빗으로 하며 그 뿔을 그것과 이어지게 하고 제단 상면과 전후 좌우 면과 뿔을 순금으로 싸고 주위에 금 테를 두를지며"(출애굽기 30:1-3)

성경에 보면 아론의 아들이 네 명인데 두 아들이 다른 향을 붙이다가 죽는 장면이 나온다. 향불은 기도의 불로 이 향불이 자기로 가면 죽게 되어 있다. 향불을 피울 때 향냄새는 야훼 하나님을 위한 것으로 자기가 맡으려고 하면 자손이 끊어지고 죽는다고 했다.

"아론이 아침마다 그 위에 향기로운 향을 사르되 등불을 손질할 때에 사를지며 또 저녁 때 등불을 켤 때에 사를지니 이 향은 너희가 대대로 여호와 앞에 끊지 못할지며"(출애굽기 30:37-38)

향불은 자기가 가로채면 죽게 된다. 기도를 자기가 가로채면 안 되며, 기도는 하나님께 하는 것이다. 그리고 이 향불은 반드시 아침, 저녁에 반드시 살라야 된다.

∷ 분향단

"아론이 아침마다 그 위에 향기로운 향을 사르되 등불을 손질할 때에 사를지며 또 저녁 때 등불을 켤 때에 사를지니 이 향은 너희가 대대로 여호와 앞에 끊지 못할지며"
(출애굽기 30:7-8)

이는 신약 성경의 말씀과 일맥상통한다.

"쉬지 말고 기도하라"(데살로니가전서 5:17)

"예수께서 그들에게 항상 기도하고 낙심하지 말아야 할 것을 비유로 말씀하여"(누가복음 18:1)

기도는 헬라어로 '프로슈코마이(προσεύχομαι, proseuchomai)'라고 하는데 '목숨'이라는 뜻도 있고, '숨'이라는 뜻도 있다. 즉, 기도는 영적 호흡이라 세계 어떤 종교를 떠나 전 인류가 지역을 막론하고 다양한 방법으로 기도하고 있다.

기도는 호흡인데 쉬지 말고 계속해야한다. 기도를 안 하면 호흡이 끊어지고 영적으로 죽게 된다. 향불은 양각 모양으로 만드는데 사방에 뿔이 있어 기도자를 권능으로 지켜줌을 상징한다. 뿔은 능력을 상징함으로 기도자는 능력을 받게 되어 있다. 성경에 나오는 능력은 '두나미스(Dunamis)'로 나중에 '다이너마이트(dynamite)'라는 단어가 이 단어에서 기인했다.

향단은 향불 피우는 것이 목적이며, 그 기능은 기도의 향을 피우는 것이다. 가정에서 기도하면 가정 향단, 개인이 기도하면 개인 향단, 교회에서 기도하면 교회 향단이 된다. 기도하는 사람, 기도하는 교회, 기도하는 가정은 어린양 되신 예수님의 능력으로 보호된다.

또한 향단을 침범하면 뿔에서 능력이 나가 능력의 뿔로 받아 버리는 저주의 능력도 가지고 있다.

"모든 기도와 간구를 하되 항상 성령 안에서 기도하고 이를 위하여 깨어 구하기를 항상 힘쓰며 여러 성도를 위하여 구하라"(에베소서 6:18)

기도는 쉬지 않고 하는 것이며, 나 자신만을 위해서 하는 것이 아니라 여러 성도를 위해서 기도하는 것이다.

"사랑하는 자들아 너희는 너희의 지극히 거룩한 믿음 위에 자신을 세우며 성령으로 기도하며"(유다서 1:20)

성령으로 기도해야한다. 성령으로 기도하지 않으면 진짜 기도가 되지 않는다. 형식적인 기도, 관습적인 기도, 종교적인 기도, 의례적인 기도는 없애야 한다. 우리는 능력으로 기도하고, 응답 받는 기도, 성령으로 기도하고, 마음을 다하고, 뜻을 다하고, 내 힘과 정성을 다하여 기도하고, 마음으로 기도하고 영으로 기도해야한다. 그렇기 때문에 인간의 생각 자기 생각, 자기 욕심으로 기도하면 성령이 역사가 임하지 않게 된다. 그럼에도 기도의 응답이 없는 것은 욕심과 탐심, 사심으로 기도해서 그런 것이다.

"구하여도 받지 못함은 정욕으로 쓰려고 잘못 구하기 때문이라"(야고보서 4:3)

또한 부부가 다투거나 교인끼리 다투거나 목회자와 불편하거나 마음에 거리낌이 있으면 기도가 응답되지 않는다.

"남편들아 이와 같이 지식을 따라 너희 아내와 동거하고 그를 더 연약한 그릇이요 또 생명의 은혜를 함께 이어받을 자로 알아 귀히 여기라 이는 너희 기도가 막히지 아니하게 하려 함이라"(베드로전서 3:7)

기도는 사람과의 관계에 막힌 담이 무너져야 된다.

"그러므로 예물을 제단에 드리려다가 거기서 네 형제에게 원망들을 만한 일이 있는 것이 생각나거든 예물을 제단 앞

에 두고 먼저 가서 형제와 화목하고 그 후에 와서 예물을 드리라"(마태복음 5:23-24)

"그는 우리의 화평이신지라 둘로 하나를 만드사 원수 된 것 곧 중간에 막힌 담을 자기 육체로 허시고"(에베소서 2:14)

"내가 기뻐하는 금식은 흉악의 결박을 풀어 주며 멍에의 줄을 끌러 주며 압제 당하는 자를 자유하게 하며 모든 멍에를 꺾는 것이 아니겠느냐"(이사야 58:6)

그래서 사람과의 막힌 담이 무너지고, 그 다음 하나님과의 막힌 담을 무너뜨리면 우리의 기도가 응답 받는다.

"진실로 너희에게 이르노니 무엇이든지 너희가 땅에서 매면 하늘에서도 매일 것이요 무엇이든지 땅에서 풀면 하늘에서도 풀리리라"(마태복음 18:18)

이것은 교회에 주신 권세와 능력으로 사람과 풀리면 하늘에서 풀리게 되어 있다. 고라 자손은 모세와 아론을 원망하고 미워하며 기도하다가 그와 함께 당을 지은 모든 자들 250명이 땅에서 불이 나와 다 죽게 되었다(민수기 16장). 그래서 선으로 악을 갚으라는 것은 기도로 악을 갚으라는 것이다.

"너희를 박해하는 자를 축복하라 축복하고 저주하지 말라 즐거워하는 자들과 함께 즐거워하고 우는 자들과 함께 울라 서로 마음을 같이하며 높은 데 마음을 두지 말고 도리어 낮은 데 처하며 스스로 지혜 있는 체 하지 말라 아무에게도 악을 악으로 갚지 말고 모든 사람 앞에서 선한 일을 도모하라 할 수 있거든 너희로서는 모든 사람과 더불어 화목하라 내 사랑하는 자들아 너희가 친히 원수를 갚지 말고 하나님의 진노하심에 맡기라 기록되었으되 원수 갚는 것이 내게 있으니 내가 갚으리라고 주께서 말씀하시니라 네 원수가 주리거든 먹이고 목마르거든 마시게 하라 그리함으로 네가 숯불을 그 머리에 쌓아 놓으리라 악에게 지지 말고 선으로 악을 이기라"(로마서 12:14-21)

다니엘은 공중의 담을 무너뜨리는데 21일간의 시간이 필요했다. 우리의 기도의 향연이 하늘에 상달하기 위해 선행되어야하는 것은 사람과의 관계 회복이다. 마음의 쓴 뿌리를 해결하지 못하고 토설하지 아니할 때, 우리는 마음도 몸도 병드는 것은 물론이거니와 내 영의 기도가 상달되지 않게 된다.

"내가 토설치 아니할 때에 종일 신음하므로 내 뼈가 쇠하였도다"(시편 32:3, 개역한글)

이 향연에는 사랑의 고리가 붙어 있다. 그래서 기도할 때 반드시 사랑하는 마음으로 해야 된다. 기도할 때 미움이 있으면 기도가 상달이 안 되기 때문이다.

"너희가 손을 펼 때에 내가 내 눈을 너희에게서 가리고 너희가 많이 기도할지라도 내가 듣지 아니하리니 이는 너희의 손에 피가 가득함이라"(이사야 1:15)

아무리 기도를 많이 해도 하나님이 듣지를 않으시니, 금식기도를 해도, 40일 작정기도를 해도, 철야기도를 해도 소용없다. 예수님은 미움이 곧 살인이라고 하셨다. 사랑의 기도는 반드시 다시 나에게 돌아오게 되어있다. 그가 받지 아니하여도 그 축복과 은혜는 나에게로 돌아온다.

"나는 그들이 병 들었을 때에 굵은 베 옷을 입으며 금식하여 내 영혼을 괴롭게 하였더니 내 기도가 내 품으로 돌아왔도다"(시편 35:13)

야구공을 던져 저 사람이 받으면 그 야구공은 그의 것이며, 그 사람이 받지 않으면 튕겨 나와 나에게로 돌아온다. 그런데 칼을 던져서 그 사람이 안 받아들이면 그 칼이 나에게 돌아온다는 사실도 명심해야 한다. 우리의 기도는 향연이 되어 하늘로 올라가게 되어 있다.

"그 두루마리를 취하시매 네 생물과 이십사 장로들이 그 어린 양 앞에 엎드려 각각 거문고와 향이 가득한 금 대접을 가졌으니 이 향은 성도의 기도들이라"(요한계시록 5:8)

이 기도의 향을 천사들이 가지고 올라간다고 했다.

"또 다른 천사가 와서 제단 곁에 서서 금 향로를 가지고 많은 향을 받았으니 이는 모든 성도의 기도와 합하여 보좌 앞 금 제단에 드리고자 함이라 향연이 성도의 기도와 함께 천사의 손으로부터 하나님 앞으로 올라가는지라 천사가 향로를 가지고 제단의 불을 담아다가 땅에 쏟으매 우레와 음성과 번개와 지진이 나더라"(요한계시록 8:3-5)

성도들의 기도의 향을 금향로에서 받아 가져온 천사를 통해 하나님께 상달이 되면 그 기도의 향을 단위에 불에 담아 다시 땅에 쏟으니 그것이 불로 응답된다. 그러므로 혼자 기도해도 사실은 천사가 그 기도의 향을 가지고 오르락내리락하니 기도는 혼한 것이 아니다. 이것을 기도하다가 야곱의 영안이 열려 자기가 기도할 때에 천사가 오르락내리락한 것을 보게 된 것이다.

"꿈에 본즉 사닥다리가 땅 위에 서 있는데 그 꼭대기가 하늘에 닿았고 또 본즉 하나님의 사자들이 그 위에서 오르락내리락 하고"(창세기 28:12)

예수님도 본인이 기도하실 때 천사들이 오르락내리락하는 것을 제자들이 볼 것이라고 하셨다. 이것은 기도의 응답을 말하는 것이고 하늘이 열리는 것을 보는 것을 말한다.

"또 이르시되 진실로 진실로 너희에게 이르노니 하늘이 열리고 하나님의 사자들이 인자 위에 오르락 내리락 하는 것을 보리라 하시니라"(요한복음 1:51)

엘리사도 그를 죽이러 아람왕의 군사들이 쳐들어오는데, 그를 지키는 하늘의 군사들이 그를 호위하는 것을 볼 수가 있었다. 그래서 우리가 기도할 때 우리 혼자 기도하는 것이 아니라 천군 천사들이 우리의 기도의 향연을 가지고 오르락내리락할 뿐만 아니라 천군 천사가 호위하고 있음을 믿어야한다.

"기도하여 이르되 여호와여 원하건대 그의 눈을 열어서 보게 하옵소서 하니 여호와께서 그 청년의 눈을 여시매 그가 보니 불말과 불병거가 산에 가득하여 엘리사를 둘렀더라"(열왕기하 6:17)

성막의 덮개, 널판 그리고 울타리

성막의 덮개는 네 가지로 만들어 덮여져 있다. 첫 번째가 해달의 가죽, 두 번째는 붉은 물들인 수양의 가죽, 세 번째는 염소털로 짠 앙장, 네 번째는 백색과 청색, 자색, 홍색실로 공교하게 수놓은 앙장이다. 제일 바깥 부분은 해달의 가죽으로, 검은색이며 죄 많은 인간의 모습을 상징하고 어둠 가운데 있는 세상을 상징한다.

두 번째는 붉게 물들인 수양의 가죽으로 보혈의 피를 상징하고 예수의 죽음을 상징한다. 세 번째는 염소 털로 짠 앙장으로 이는 흰색으로 성도들의 의로운 행실을 상징한다. 내가 어렸을 때 모든 성경은 검은색 가죽표지에 옆은 빨간색으로 안은 하얀색으로 되어 있어 성경책만으로도 복음을 증거 했다. 성경을 짜면 붉은 피만 나온다고 많은 부흥사 목사님들이 설교했던 기억이 난다.

마지막 제일 안쪽은 백색, 청색, 자색, 홍색실로 그룹을 공교히 수놓아 만든 앙장이다. 청색은 생명이신 예수, 자색은 왕이신 예수, 홍색은 보혈의 피를 흘리고 수난 당하신 예수, 백색은 부활하신 예수를

:: 성막의 덮개

상징하여 천국을 예표하고 있다. 이것은 신앙의 단계를 말하는 것으로 죄인인 우리가 말씀 안으로 성막의 덮개 안으로 들어가면서 천국에 이르는 것을 예표한다. 이 여정이 바로 존 번연(John Bunyan, 1628-1688)이 말한 『천로역정』이다.

성막의 성소와 지성소를 덮고 있는 널판은 히브리어 원어로 '에제르(ezer)'라고 한다. 하나님이 아담을 위해 하와를 만드실 때 그를 돕는 자로 만드셨는데 여기서 돕는 자가 바로 '에제르'다. 즉, 성막의 널판은 돕는 자, 보호자가 된다. 구약에서는 하나님을 돕는 자로 묘사하고 있으며 우리를 지키는 자로 묘사하고 있다. 재미있는 것은 여자를 남자의 갈빗대에서 뽑아서 만드시고 그를 재우고 다시 흙으로 채워 넣으셨는데 남녀 갈빗대의 합이 48인 것

:: 번제단

처럼 널판의 합이 48이다. 갈비뼈는 인체의 생명과 연관된 장기인 심장, 폐, 간을 보호해 주고 성막이 널판은 떡상, 등잔대, 법궤를 보호하고 있다. 더 크게는 밖으로 울타리라는 보호막을 하나 더 가지고 있다.

"그가 또 뜰을 만들었으니 남으로 뜰의 남쪽에는 세마포 포장이 백 규빗이라 그 기둥이 스물이며 그 받침이 스물이니 놋이요 기둥의 갈고리와 가름대는 은이며 그 북쪽에도 백 규빗이라 그 기둥이 스물이며 그 받침이 스물이니 놋이요 기둥의 갈고리와 가름대는 은이며 서쪽에 포장은 쉰 규빗이라 그 기둥이 열이요 받침이 열이며 기둥의 갈고리와 가름대는 은이며 동으로 동쪽에도 쉰 규빗이라 문 이쪽의 포장이 열다섯 규빗이요 그 기둥이 셋이요 받침이 셋이며 문 저쪽도 그와 같으니 뜰 문 이쪽, 저쪽의 포장이 열다섯 규빗씩이요 그 기둥이 셋씩, 받침이 셋씩이라 뜰 주위의 포장은 세마포요 기둥 받침은 놋이요 기둥의 갈고리와 가름대는 은이요 기둥 머리 싸개는 은이며 뜰의 모든 기둥에 은 가름대를 꿰었으며 뜰의 휘장 문을 청색 자색 홍색 실과 가늘게 꼰 베실로 수 놓아 짰으니 길이는 스무 규빗이요 너비와 높이는 뜰의 포장과 같이 다섯 규빗이며"(출애굽기 38:9-18)

성경에는 울타리를 뜰, 울, 우리 등 다양하게 설명하고 있다. 울타리 안에 성막이 있고 울타리 안 마당에는 번제단과 물두멍이 있다.

성소 안에는 금등대, 떡상, 분향단이 있고 휘장을 지나 다시 지성소 안에는 법궤가 있다.

울타리는 기둥이 남쪽 방향으로 20개의 놋 기둥이 있고, 북쪽 방향에도 20개 서쪽 방향에는 10개가 있다. 길이가 100규빗(1규빗은 어른 팔꿈치에서 손가락 끝, 한자 반)으로 대략 45미터 정도가 된다. 높이는 5규빗이었다.

기둥에는 놋 받침을 하고, 기둥 위에도 은 머리 덮개, 은 머리 싸개, 은 갈고리, 은 가름대(기둥과 기둥을 연결하는 고리), 놋 말뚝(바람에 쓰러지지 않도록 가죽 줄로 붙들어 맨다)을 박는다. 이 울타리에 문은 동쪽(해가 뜨는 곳) 한군데만 있다.

성경은 이 장막이 현재까지 비유라고 했으므로 이 장막의 하나하나를 비유로 풀 수 있다.

"이 장막은 현재까지의 비유니 이에 따라 드리는 예물과
제사는 섬기는 자를 그 양심상 온전하게 할 수 없나니"
(히브리서 9:9)

비유가 아니면 풀 수가 없다. 예수님이 모든 것을 비유로 말했다고 했으니 비유 신학을 모르면 성경을 이해할 수 없는 것이다. 따라서 울타리는 무엇인지, 놋 기둥은 무엇인지, 놋은 무엇인지, 은줄, 은고리, 은갈고리, 포장, 은머리 싸개, 말뚝은 무엇인지 그리고 여기에 나와 있는 숫자들은 어떤 의미인지 온통 상징과 비유뿐이다.

:: 성막의 울타리

먼저 성막의 울타리는 울 밖과 울 안을 구분하기 위해서 만든 것이다. 밖과 안의 경계선을 만든 것이다. 안과 밖을 구분하기 위해 울타리를 만든 것이다. 성경에서 말하는 울 밖은 바로 믿지 않는 죄악된 세상을 의미하며 울안은 믿는 세계를 의미한다. 교회 담 밖은 믿지 않는 세계요. 교회 안은 믿는 세계가 되는 것이다. 그것을 바로 구분하는 것이 울타리다.

성막은 천국의 모형으로 천국 안에 있는 자와 천국 밖에 있는 자가 구별이 된다. 이것은 보이지 않는 세계뿐만 아니라 보이는 세계에서도 이 울타리 밖에 있는 자와 울타리 안에 있는 자가 구분이 되는 것이다. 이 울타리가 필요한 것은 사막과 광야에는 거센 바람이 많기 때문에 그렇다. 내가 캘리포니아 팜스프링스 사막에서 12년 이상 살면서 그 엄청난 사막바람을 이용하여 풍차를 이용하여 전기를 만드는 것을 동네에서 매일 보았다. 바람이 많이 불어 센 바람이 불면 제사 제물을 제대로 드릴 수 없다. 바람을 막기 위해, 제물을 정결하게 하나님 앞에 드려야하는데 모래 덮인 음식은 먹을 수 없기 때문에 이 모든 것을 보호하는 울타리가 반드시 있어야한다.

하나님은 '나에게 드리는 번제물은 정결하게 드리라'고 하셨다. 그리고 '솜 털 하나 없이 가죽을 벗기라'고 하셨다. 제사 때 제물에 먼지 흙이 쌓이면, 즉 세상의 이물질이 섞이면 하나님께서 안 받으시는 것이다. 그러면 제사를 지낸 것이 아니므로 받을 것도 없고 축복도 받지 못하는 것이다.

광야에는 늑대, 이리, 하이에나, 들개 등의 짐승이 많다. 특별히 양고기 좋아하는 이리 떼도 많고, 들쥐, 들고양이, 삵괭이, 다양한 뱀들도 많다. 사막에는 워낙 먹을 것이 없기 때문에 나무 꽃 등도 거칠고, 가시가 많고, 짐승들도 항상 배가 고파 있기 때문에 목숨 걸고 달려든다. 제사 지낼 때 고기를 구워서 번제물 냄새가 나면 바람을 타고 몇 십리를 가는데 불고기 냄새를 맡고 시내 광야 짐승이란 짐승은 다 모이게 된다.

영적으로 바라볼 때, 천국 잔치에 할 수만 있으면 택한 자라도 잡아가려는 마귀 떼들이 많이 모이는 것이 아닐까? 호사다마라는 말이 있듯이 항상 깨어 있어 틈을 보이지 말아야 할 것이다. 오래전 한국에서 고모님이 하시던 꽃집 바로 옆에 통닭집이 있었는데 환풍기를 위로 뽑지 않고 땅으로 향하게 만들어서 통닭 냄새가 지나가는 사람들에게 바닥으로 깔려서 음식 냄새를 진동케 하고 그곳에 사람들이 줄을 서서 들어가는 것을 보았다. 그러나 사막에서 고기 냄새가 멀리 가면 모든 짐승들의 목표가 되므로 울타리로 보호하지 않으면 제물이 사탄의 밥이 되고 더 나아가 어린 아이들까지도 위험에 빠질 수 있다.

울타리 높이가 5규빗(2m 25cm)이므로 밖에서 안을 볼 수 없다. 우리 일반 사람의 키보다 높고, 밖으로 바람결을 따라 제물 냄새가 나도, 이 울타리는 높아 제물 굽는 것을 들여다 볼 수도 없다. 짐승은 기어 다니므로 더 볼 수 없으며 사람도 볼 수 없다. 냄새는 맡지만 안은 들여 다 볼 수 없으니 상상만 할 뿐이다. 안을 들여다 보려면 반드시 안으로 들어가야 하는데 그렇게 하기 위해서는 유대 성민이 되어야 한다.

'나도 하나님 믿겠습니다'라는 유대 성민의 첫 번째 증표는 할례를 받아야하는데, 이는 생식기의 앞부분을 잘라 드리는 것으로 생명을 드리는 행위였다. 이것은 천국의 모형으로 천국에 들어가려고 할 때, 오늘 우리들도 믿는 성민으로서 들어갈 수 있는데 성민이 되려면 반드시 마음의 할례를 받아야한다.

"그러므로 너희는 마음에 할례를 행하고 다시는 목을 곧게 하지 말라"(신명기 10:16)

"주 여호와께서 이같이 말씀하셨느니라 이스라엘 족속 중에 있는 이방인 중에 마음과 몸에 할례를 받지 아니한 이방인은 내 성소에 들어오지 못하리라"(에스겔 44:9)

"목이 곧고 마음과 귀에 할례를 받지 못한 사람들아 너희도 너희 조상과 같이 항상 성령을 거스르는도다"
(사도행전 7:51)

마음과 귀에 할례를 받는 것과 성령 받는 것을 같은 것으로 묘사했는데, 이를 통해 진정한 성민은 성령 받은 자라는 것을 알 수 있다. 그들이 눈으로 제물이 죽는 것도 보고, 그 제물을 하나님이 받고 우리의 화목제물이 되는 것을 보면서 그 잔치에 참여할 수 있다. 성막 울타리 안으로 들어가려면 즉 천국으로 들어가고 싶으면 꼭 마음의 할례, 성령의 할례를 받아야한다. 성령 받고, 회개하고, 마음의 할례 받으면 들어갈 수 있다. 예전의 나는 죽었으니 새로운 나로 다시 태어나 천국 잔치를 하는 것이다. 오늘날에도 성령 받아 마음의 할례를 받으면 들어갈 수 있다.

우리 가정에도 울타리는 안전 보호를 위한 것이며 밖과 안의 경계를 삼기 위해 담장을 만든다. 그리고 주된 목적 중 하나는 도적이 들어오지 못하게 하는 것이다.

울타리는 놋 기둥으로 가로로 20개씩 세로로 10개씩 총 60개를

:: 성막의 울타리 전체 모습

세운다. 울타리는 담, 성과 같은 기능으로 가정을 보호하면 울타리, 동네를 보호하면 성이 된다. 유대인은 일반적으로 2층으로 집을 짓고 여유가 있으면 옥상에 지붕을 만들어 3층이나 다락방으로 짓는다. 옥상은 기도하는 장소인데 기도하다 떨어지지 않게 난간을 지으며, 이 역시 울타리의 역할을 한다.

"네가 새 집을 지을 때에 지붕에 난간을 만들어 사람이 떨어지지 않게 하라 그 피가 네 집에 돌아갈까 하노라"
(신명기 22:8)

"유두고라 하는 청년이 창에 걸터 앉아 있다가 깊이 졸더니 바울이 강론하기를 더 오래 하매 졸음을 이기지 못하여 삼 층에서 떨어지거늘 일으켜보니 죽었는지라"
(사도행전 20:9)

성막의 울타리는 우리를 살리는 울타리다. 울타리도 여러 종류가 있다. 첫째, 나무 울타리가 있다. 이 나무 울타리도 죽은 나무를 박아서 만드는 죽은 나무 울타리가 있는데, 대부분 농촌 가정집이 죽은 나무 울타리를 쓴다. 미국의 많은 주택들도 죽은 나무 울타리를 사용한다. 나무 울타리도 물론 살아있는 나무로 울타리를 만드는 경우도 있다. 이는 산 나무 울타리다. 포도원이나 과수원은 산 나무로 울타리를 만든다. 종교개혁자 마틴 루터(Martin Luther, 1483-1546)는 "내 주는 강한 성"이라는 찬양을 만들어 주님이야말로 진정한 살아 있는 울타리라고 고백했다.

예수님은 산 울타리시다. 예수님은 자신을 푸른 나무라고 하셨다.

"푸른 나무에도 이같이 하거든 마른 나무에는 어떻게 되리요 하시니라"(누가복음 23:31)

이 말씀은 사람들이 푸른 나무에다 못을 박았다는 것이다. 그러므로 죽은 나무, 마른나무에는 얼마나 큰 핍박을 하겠냐는 것이다. 오늘날 인간을 마른나무에 비유했으니, 사람이 사람을 믿고 의지하는 것만큼 어리석은 것은 없다.

"다른 한 비유를 들으라 한 집 주인이 포도원을 만들어 산 울타리로 두르고 거기에 즙 짜는 틀을 만들고 망대를 짓고 농부들에게 세로 주고 타국에 갔더니"(마태복음 21:33)

예수님을 살아있는 울타리라고 했다. 여기서 말하는 것은 이스라엘 나라가 하나님의 포도원이고 안전을 보장하고 지키는 것이 하나님이시라는 것이다. 우리 주님을 산울(산 울타리)이라고 말한다. 그런데 농부인 이스라엘 민족이 농사는 안 짓고 전도는 안 하고 복음은 전하지 않고 있다는 것이다. 지금은 교회가 신령한 울타리가 되어야 한다. 그것은 살아있는 울타리, 즉 주님이 지켜주는 교회, 주님의 임재가 있는 교회, 주님의 몸된 교회가 되어야 한다는 말이다.

"주께서 그와 그 집과 그 모든 소유물을 산울로 두르심이 아니니이까 주께서 그 손으로 하는바를 복되게 하사 그 소유물로 땅에 널리게 하셨음이니이다"(욥기 1:10, 개역한글)

욥의 부유함과 평탄함은 주님이 그의 가정을 살아있는 울타리로 지켜 주시기 때문이다. 개역 한글 번역판에는 산울로 지키고 있다고 번역하고 있다. 주님이 살아있는 울타리를 거두니 바로 욥이 나락으로 떨어지는 것을 볼 수 있다.

하나님이 욥의 하나님일 뿐 아니라 우리의 하나님이시라면, 욥에게만 산울이 아니라 지금도 나에게도 산 울타리가 되신다. 지금도 주님이 우리를 산울로 보호하시면 신앙도 도둑맞지 않는다. 오직 내가 깨어 기도해야하는 것이다. 내가 깨어 있으면 주님이 산울타리가 되어 모든 악한 가운데 보호해주시는 것이다. 울타리를 나무 이외에 돌이나 흙으로 울타리를 만드는 경우도 있다. 울타리와 똑같은 것이 돌로 쌓아서 돌담, 흙으로 쌓아서 토담이다. 흙보다는 돌이 더욱 튼튼하며 주님은 성경에서 자신을 모퉁이돌, 흰돌, 반석, 산돌 즉 살아있는 돌이라고 하셨다. 살아있는 돌은 날아가 골리앗을 쓰러뜨린다.

성경의 숫자의 의미: 기둥의 숫자

울타리는 기둥과 기둥을 은고리 즉, 사랑의 고리에다 은 가름대라는 진리의 띠로 서로 연결을 하게 되어 있다.

"그런즉 서서 진리로 너희 허리 띠를 띠고 의의 호심경을 붙이고"(에베소서 6:14)

"그의 안에서 건물마다 서로 연결하여 주 안에서 성전이 되어 가고"(에베소서 2:21)

우리가 서로 연결되어 가면서 성전이 지어져간다. 벽돌 한장 한장이 수백 수천 장으로 쌓이면서 교회가 지어져간다. 그리고 성령 안에서 서로 연결되어 하나의 성전으로 지어져간다. 기둥을 세우면 다음 기둥마다 이어서 세마포 포장을 두르게 된다. 세마포는 가는 삼으로 만든 모시로, 세마포는 삼을 가지고 만든다. 삼대를 베다가 쪄서 삼을 벗끼고 그것을 빨고 물에다 비빈다. 그것을 손톱으로 가늘게 실처럼 쪼개면 그게 베실이고 그것을 베틀에다 짜면 베옷이 된다. 성경에 보면 똑같은 삼대를 가지고 만드는데 하나는 베옷이 되고 하나는 세마포 옷이 된다. 같은 재료지만 빛깔은 다르다. 베옷은 누런색이고 세마포(모시)는 흰색이다. 같은 것 같지만 큰 차이가 난다. 베옷은 빨았고 쪼개었지만 적당히 한 것이다. 빨고 잿물로 삶아서 방망이로 두들겨 패고 손으로 비벼 누런 물이 다 빠질 때까지 빨면 그것이 세마포가 된다.

베옷은 시편, 요나서를 통해 죄수가 입는 옷임을 알 수 있다. 베옷을 입으면 죄인임을 나타낸다. 그래서 하나님 앞에 회개하러 나올 때 베옷으로 갈아입고 회개를 하는데 이는 내가 죄인임을 고백하는 것이다. 죄수가 입는 옷이 베옷인데 성한 사람이라도 하나님 앞에 죄를 깨달으면 회개하기 전에 베옷을 입고 회개를 한다. 시체 역시 베옷을 입히는데 죽은 나사로가 베옷을 몸에 두르고 나타난 것은 그가 죽은 자요 죄인임을 나타낸다.

:: 성막의 울타리와 세마포

"죽은 자가 수족을 베로 동인 채로 나오는데 그 얼굴은 수건에 싸였더라 예수께서 이르시되 풀어 놓아 다니게 하라 하시니라"(요한복음 11:44)

그러므로 시신을 굵은 베옷으로 싸는데 우리나라도 같은 전통을 가지고 있다. 부모가 돌아가신 후에도 상주가 입는다. 부모에게 효도하지 못하고 돌아가시게 했다고 해서 굵은 베옷을 입는 것이다. 이것은 '제가 죄인입니다'라는 것을 말해준다.

우리나라도 가는 베옷이 아니라 굵은 베옷을 입는다. 제사장은 겉은 모시옷을 입는데 속은 꼭 베옷을 입는다. 왜냐하면 제사장은 중보자인데 하나님 편에 속한 모시와 사람 편에 속한 베옷을 입어 한 몸은 하나님 편을 다른 한 편은 사람 편을 같이 갖고 있는 것이다. 하나님 말씀을 사람 편에 전달하고 하나님께 사람의 죄를 가지고 가는 것을 상징한다. 성경에 보면 세마포(모시)는 부자가 입는다. 주님이 부자와 나사로의 이야기를 할 때 부자가 세마포 옷을 입고 날마다 잔치를 즐겼다. 제사장 겉옷이 전부 세마포이고 그리고 왕이 세마포를 입고 천사가 사람 앞에 나타날 때 곡 세마포 옷을 입고 나타난다. 세마포는 의롭고, 권세를 상징한다.

"한 부자가 있어 자색 옷과 고운 베옷을 입고 날마다 호화롭게 즐기더라"(누가복음 16:19)

예수님은 죽으실 때도 세마포 옷을 입었다. 예수님은 죽은 시체와 달리 우리를 대신하여 죄인으로 죽었지만 본질상 의로운 자로 죽으셨기 때문이다. 세마포는 왕, 제사장, 선지자, 부자들이 입는 옷이다. 예수님은 첫째 왕이며, 만왕의 선지자, 대 제사장, 부활했기에 세마포 옷이 합당한 것이요 아주 죽은 사람에게는 베옷을 입히는 것이다.

성경에 의복은 그 사람 존재를 나타낸다. 인류 최초의 옷은 인류 스스로 만든 무화과 나뭇잎으로 엮은 옷이었다.

"여자가 그 나무를 본즉 먹음직도 하고 보암직도 하고 지혜롭게 할 만큼 탐스럽기도 한 나무인지라 여자가 그 열매를 따먹고 자기와 함께 있는 남편에게도 주매 그도 먹은지라 이에 그들의 눈이 밝아져 자기들이 벗은 줄을 알고 무화과나무 잎을 엮어 치마로 삼았더라"(창세기 3:6-7)

두 번째, 옷은 가죽옷을 입었는데 이는 하나님이 직접 지어 주셨으므로 이것이 최초의 희생제사요 예수의 희생의 모형이다.

"여호와 하나님이 아담과 그의 아내를 위하여 가죽옷을 지어 입히시니라"(창세기 3:21)

그리고 대 제사장의 옷 역시 그 하나 하나에 많은 의미와 상징이 담겨져 있다. 그리고 죄인이 입는 베옷, 예수님이 입으신 세마포 옷으로 끝난다.

"우리가 즐거워하고 크게 기뻐하며 그에게 영광을 돌리세 어린 양의 혼인 기약이 이르렀고 그의 아내가 자신을 준비하였으므로 그에게 빛나고 깨끗한 세마포 옷을 입도록 허락하셨으니 이 세마포 옷은 성도들의 옳은 행실이로다 하더라"(요한계시록 19:7-8)

성막의 울타리는 기둥에다 세마포 옷을 입힌다. 폭의 길이를 100규빗으로 해 이렇게 하얗고 큰 커튼을 치고 이를 은고리에다 걸어서 내려가지 않게 서로 연결을 한다. 앞에서 언급했듯이 기둥이 가로 20개씩이니 40개, 세로 10개씩 합해서 20개 전부 합하여 60개가 된다. 그럼 놋 말뚝도 전체가 60, 은 머리싸개도 60개가 된다. 성경도 66권이고 이 세상은 6일간 창조가 되었다. 성경에 많은 숫자가 나오는데 하나님 말씀은 짝이 없는 게 하나도 없다. 그렇기 때문에 성경을 자세히 상고해야하는데 이 숫자가 의미하는 바를 이해해야 한다.

히브리어는 그 글자가 상형문자이면서 음문자다. 또한 숫자가 되어서 성서에 나오는 한 문장만으로 독립해서 봐도 상형문자로도 해석할 수 있고, 그 뜻대로 음대로 해석할 수 있으며 숫자로도 해석할 수 있다. 숫자로 성서 해석을 하는 신비주의 사상을 '카발라(히브리어: קבלה 캅발라, Kabbalah)'라고 부른다. 성경에 많은 숫자가 나오는데 그 숫자에 대해서 알고 나면 성경에 나오는 모든 숫자를 이해하는데 도움이 된다.

1

숫자 1은 완전수이며 성스러운 숫자, 성수(聖數)라고 한다. 1은 알레프 첫 히브리어 단어를 말하는데, 이는 하나님을 상징한다. 하나님의 완전성을 나타내며 거룩한 수다. 우리가 지키는 주일도 사실은 첫째 날이라고 부른다. '하나'는 하나님으로부터 시작하고 우리가 믿는 하나님은 한 분이며 유일신이기에 '하나님'이라고 부른다.

모든 것은 원인이 있다. 나의 원인은 부모이다. 그러나 하나님은 하나님 자신이 원인이 된다. 그는 스스로 계신 분이기에 그렇다. 그 원인이 내 안에 있다고 하면 모든 천지 만물의 원인은 하나님께 있는 것이니 내 안에 우주가 천지 만물이 있는 것과 같다.

"내 안에 거하라 나도 너희 안에 거하리라 가지가 포도나무에 붙어 있지 아니하면 스스로 열매를 맺을 수 없음 같이 너희도 내 안에 있지 아니하면 그러하리라"(요한복음 15:4)

하나님은 완전한 분이시고 흠과 티가 조금도 없는 완전 그 자체다. 그는 능력, 선, 의에 있어 완전하며 모든 면에서 완전하시다.

"그러나 우리에게는 한 하나님 곧 아버지가 계시니 만물이 그에게서 났고 우리도 그를 위하여 있고 또한 한 주 예수 그리스도께서 계시니 만물이 그로 말미암고 우리도 그로 말미암아 있느니라"(고린도전서 8:6)

만물의 원인이 하나님 그 자체인 것이다. 예수님도 그의 독생자 한분이시니, 숫자 일은 한 분 하나님, 한 분 독생자 예수 그리스도를 상징한다. 신은 곱하기 속성이 있어 하나에 하나를 더하면 계속해서 하나가 되는 현상이 있다.

"몸이 하나요 성령도 한 분이시니 이와 같이 너희가 부르심의 한 소망 안에서 부르심을 받았느니라"(에베소서 4:4)

"주도 한 분이시요 믿음도 하나요 세례도 하나요"
(에베소서 4:5)

"떡이 하나요 많은 우리가 한 몸이니 이는 우리가 다 한 떡에 참여함이라"(고린도전서 10:17)

"그러나 너희는 랍비라 칭함을 받지 말라 너희 선생은 하나요 너희는 다 형제니라"(마태복음 23:8)

"증언하는 이가 셋이니 성령과 물과 피라 또한 이 셋은 합하여 하나이니라"(요한일서 5:7-8)

그러므로 1은 완전 성수며 모든 숫자는 1로 시작된다. 1과 합한 모든 것은 그 숫자 본질을 유지하면서 1은 그 속에 녹아 사라지게 되어있다.

2

숫자 2는 상대 수다. 2는 하나에서 나뉜다. 때로는 상대적 수로 양면성을 띤다. 이는 이 숫자가 육에 속하였는지 아니면 영에 속하였는지에 따라 달라진다. 하나에 하나를 더하면 둘인데 이는 세상 숫자요. 영적인 수는 하나에다 하나를 더하면 둘이 하나가 된다.

낮에 밤을 더하면 1일, 즉 하루가 된다. 남자에 여자를 더하면 한 부부가 된다. 모든 것이 '하나'로부터 나왔기 때문이다. 해와 달을 합쳐 하루가 된다. 하늘과 땅을 합쳐 우주라고 하는데 한 우주를 말한다. 구약과 신약을 합쳐 하나의 성경이 된다. 남 유다와 북 이스라엘이 합쳐 하나의 이스라엘이 된다. 이는 남한과 북한이 합쳐 한 나라가 되는 것과 같다. 본래 하나였기 때문이다.

모든 것은 한 하나님이 하나에서 만들었으며, 다시 하나로 합쳐지는 것이다. 나에게 좌우가 있지만 나는 둘이 아니라 하나인 것과 같은 이치다. 그래서 성경에서 두 산, 두 여자, 두 아담, 두 어머니(사라, 하갈), 두 아들(이삭과 이스마엘)이 나오는데 이는 육체적으로 상대적 숫자가 되며 영적으로는 둘이 합쳐 하나가 된다.

이것이 동양의 음양이론과 유사하며, 라이프니치는 음양이론을 서양에 소개하면서 2진법을 만들었다. 이 1과 0이라는 컴퓨터 숫자로 디지털 세상을 창조해 이것으로 모든 전자의 세계가 탄생했다. 하나님은 영원한 0의 세계의 속성이 있고, 아들 예수는 독생자 한분이신 1의 속성을 가지고 계셔서 이 둘이 합하여 세계가 창조된다.

3

숫자 3은 완전수며 1과 마찬가지로 신의 수다. 1은 완전 성수(聖數)로 하나님께만 붙일 수 있지만, 이 숫자 3 역시 신의 숫자로 사용된 곳이 곳곳에 나타나고 있다. 우리 조상들은 산모가 아이를 낳을 때 삼신이 도우셨다고 했으니 참으로 기가 막힌 일이다. 그들이 무의식적으로 하나님을 세 분으로 인식하고 있는 것이다.

숫자 3은 숫자 1이 세 개가 합해 하나가 되는 신비의 수다. 예수님이 세례 받으실 때 삼위일체 하나님이 나타난다.

"예수께서 세례를 받으시고 곧 물에서 올라오실새 하늘이 열리고 하나님의 성령이 비둘기 같이 내려 자기 위에 임하심을 보시더니"(마태복음 3:16)

여기에 예수님, 성령님, 하나님이 동시에 나타나고 있다. 예수님의 공생애는 삼위일체 하나님의 공동 작업인 것이다.

"태초에 하나님이 천지를 창조하시니라 땅이 혼돈하고 공허하며 흑암이 깊음 위에 있고 하나님의 영은 수면 위에 운행하시니라 하나님이 이르시되 빛이 있으라 하시니 빛이 있었고"(창세기 1:1-3)

창세기 1장 1절에 하나님, 창세기 1장 2절에 하나님의 영, 즉 성령이 나타나며, 창세기 1장 3절에 말씀이신 예수님이 나타난다. 요한일서에도 증언하는 이가 셋이며 이 셋이 합하여 '하나'라고 했다.

"증언하는 이가 셋이니 성령과 물과 피라 또한 이 셋은 합하여 하나이니라"(요한일서 5:7-8)

이스라엘의 집은 3층으로 되어 있고, 노아의 방주도 3층으로 되어 있다. 또한 솔로몬 성전도 3층이고, 성막도 3단계 뜰, 성소, 지성소로 되어 있다. 셋이 합해 하나의 성막이 된다.

삼위일체 하나님이 지은 모든 세계가 3단계로 되어 있다. 우리가 사는 세상은 하늘, 땅, 바다로 구성되어 있으며, 조부, 부모, 손자, 삼 세대가 한 가정을 이룬다. 이것을 아브라함의 하나님, 이삭의 하나님, 야곱의 하나님이라고 명시한다.

아브라함은 야곱의 할아버지며, 이삭은 야곱의 아버지다. 한 세대로는 남편과 아내와 자식이 한 가정을 이룬다. 우리 몸도 3층으로 되어 있다. 몸도 3등분으로 되어 있고, 팔도 3등분 되어 있으며, 손가락도 3등분 되고, 지체의 작은 부분 새끼손가락, 새끼발가락도 3등분이다. 또한 뇌도 중뇌, 소뇌, 대뇌로 되어 있으며, 사람의 가죽도 속가죽, 가운데 가죽, 겉가죽으로 되어 있다. 성전은 뜰, 성소, 지성소 셋으로 구분 되어 있다. 모든 이치가 그렇다. 삼위일체 되신 하나님이 창조한 모든 것에 3의 요소가 깃들어 있기 때문이다.

셋이 합쳐 하나가 된다. 숫자 3은 완전 숫자다. 예수님이 죽으셨다가 3일 만에 부활하셨고, 에녹이 300년 동안 하나님과 동행했다. 이는 에녹이 하나님과 완전히 동행했음을 말한다. 숫자 3은 신령한 숫자로 해석되며, 하늘과 땅과 사람이 하나 되는 완전한 수다. 기드온의 300명 용사가 미디안 적군을 물리쳤다. 0은 영원한 하나님의 세계를 상징한다.

▎4

숫자 4는 고난에서 승리한 수다. 나는 주일 대예배에서 기도할 때마다 동서남북에서 사람들이 모여 들게 해달라고 기도한다. 동서남북은 사방을 말하는데 이는 세상에서 승리하는 것을 말한다. 1년은 춘하추동(春夏秋冬) 사계절로 구분 된다. 숫자 4는 세상 전체를 상징하며 이 세상에서 주를 위해 고난 받은 사람이 승리함을 상징한다. 숫자 4는 세상의 수, 고난의 수, 그러나 승리의 수다.

모세가 40일 금식을 했으니 세상의 고난에 승리했음을 의미한다. 40일 금식기도하여 율법의 말씀을 받았으니 말씀으로 세상을 이김을 상징한다. 예수님이 40일 금식하고 마귀가 시험할 때 승리했다. 이스라엘 백성이 400여 년 동안 노예 생활하다가 출애굽했다는 것은 세상에서 승리했음을 말한다. 이스라엘 백성이 광야에서 40년 동안 있다가 승리해서 들어갔다.

숫자 4는 지상에서 주를 위해 고난 받다 승리한 수다. 요한 계시록에 보면 144,000명이 마지막 때 성령의 인침 받고 하늘나라로 간다. 성령의 인 맞은 사람이 십사만 사천이니 세상에서 승리한 사람들의 집합인 것이다.

"내가 인침을 받은 자의 수를 들으니 이스라엘 자손의 각 지파 중에서 인침을 받은 자들이 십사만 사천이니"

(요한계시록 7:4)

5

숫자 5는 은혜의 수다. 성경에서 다윗이 골리앗 장군에게 쳐들어 갈 때 물맷돌 5(다섯 개)로 골리앗을 물리치고, 오병이어의 기적은 떡 5(다섯 개)를 가지고 5000명을 먹이고 12광주리가 남았다. 초대 교회의 성령이 오순절 날 임하고 초대 교회가 시작되었으니 이는 은혜의 숫자인 것이다.

6

숫자 6은 세상 수다. 세상을 6일간 만들었다. 그런데 하나님께서 범죄한 아담과 하와(이브)를 마귀와 함께 내쫓으면서 세상 권세를 마귀에게 주어서 이 세상을 마귀가 지배하게 했다.

요한복음에 가나의 혼인 잔치 집에 돌 항아리 6개에 물을 붓게 했는데, 이는 세상에 생수의 물을 부으라는 것이고 그 물이 포도주가 될 것을 말한다.

"거기에 유대인의 정결 예식을 따라 두세 통 드는 돌항아리 여섯이 놓였는지라"(요한복음 2:6)

가장 논란이 많은 666은 세상 수며, 마귀에게 맡겨진 세상이 6이 3번 반복함으로 하나님을 적대하는 적그리스도 숫자가 된다.

"지혜가 여기 있으니 총명한 자는 그 짐승의 수를 세어 보라 그것은 사람의 수니 그의 수는 육백육십육이니라"

(요한계시록 13:18)

7

숫자 7은 승리의 수다. 마귀 편에서 있으면 마귀가 승리하고, 하나님 편에서 있으면 하나님 승리한다. 성경에 나오는 일곱 귀신은 귀신이 승리한 것이다. 집이 비어 있으면 귀신이 승리하는 것을 말한다. 막달라 마리아도 일곱 귀신이 들렸다. 가나안 7족속도 가나안을 지배한 사탄이 승리한 곳을 예표하는 것이다.

그러나 하나님의 편에서는 일곱 교회, 일곱인, 일곱 대접, 일곱별, 일곱 영, 일곱 집사, 일곱 사자, 일곱 우뢰, 칠십 장로, 칠십 종려나무, 바로에게 무릎 꿇지 않은 칠천 명이 나온다. 이들은 모두 하나님 편에서 강력한 승리를 상징한다.

숫자 7은 주님이 안식한 날로서, 사람의 생체 시계가 7일 주기로 되어 있다고 최근 의학계가 보고하기도 했다.

8

숫자 8은 구원의 수다. 나는 2000년부터 20여년을 중국에 다녔는데, 중국인이 가장 좋아하는 숫자가 8이다. 팔자가 좋아지리라는 기대를 하고 있는 것이다. 한자의 배 '선(船)' 자를 보면 8명이 배를 타는 모양으로 글자가 되어 있다. 이는 8명이 구원되었다는 것 때문에 숫자 8을 좋아하는 것 아닌가 생각된다.

창세기에는 아브라함에게 하나님이 태어난 지 팔일 만에 할례를 받으라고 명하고 있다. 이는 구원의 숫자다. 모세도 80에 이스라엘 민족을 구원하기에 이른다.

"너희의 대대로 모든 남자는 집에서 난 자나 또는 너희 자손이 아니라 이방 사람에게서 돈으로 산 자를 막론하고 난 지 팔 일 만에 할례를 받을 것이라"(창세기 17:12)

9

숫자 9는 부족한 수다. 숫자 1이 부족하다. 무엇이든 부족하면 역사가 일어나지 않는다. 이 하나가 채워지는 것을 임계점이라고 한다. 물이 끓는점이다. 아브라함이 99세에 이삭을 낳은 것이 아니라 100세에 완전한 때에 아들을 갖게 된다. 예수님이 말씀하시길 양 99마리 두고 1마리 찾으러 다니는 것은 하나가 부족하면 역사가 일어나지 않기 때문이다. 주님이 1마리에 더 신경 쓴 것은 주님이 완전한 분이시기 때문이며, 완전한 것에 더 신경을 쓴 것이다.

10

숫자 10은 완전수요 강조하는 수다.

"너희가 열 번이나 나를 학대하고도 부끄러워 아니하는구나"(욥기 19:3)

이는 반복해서 꾸짖었다고 보기보다는 강력하게 꾸짖었다는 의미로 볼 수 있다.

"너는 장차 받을 고난을 두려워하지 말라 볼지어다 마귀가 장차 너희 가운데에서 몇 사람을 옥에 던져 시험을 받게 하리니 너희가 십 일 동안 환난을 받으리라 네가 죽도록 충성하라 그리하면 내가 생명의 관을 네게 주리라"
(요한계시록 2:10)

이는 문자적 10일을 말하는 것이 아니라 마지막 때의 시험이 강하고 지독할 것을 말한다. 모세가 받은 십계명은 온전한 계명이요, 강력한 계명이며 완전한 계명이다. 애굽 사람들이 모세의 기적을 통해 열 가지 재앙을 받은 것도 지독한 재앙이 온 것을 말한다. 열 명의 나병환자라는 것은 우리 전체가 지독한 나병에 걸림을 나타낸다.

11

숫자 11은 1과 1로 해석된다.

12

숫자 12는 열두 사도, 열두 지파, 열두 형제, 열두 천사로 이 역시 완전 숫자로 지상의 완전수 12와 하늘의 완전수 12가 합쳐져 천국의 완전수가 된다. 숫자 12는 열두 진주문, 열두 과실, 열두 샘물, 열두 달, 마가의 다락방에 백이십 여문 성도들이 나온다. 지파별로는 12 곱하기 12로 144000명이 구원받는 완전 숫자에 이른다.

24

숫자 24는 천국의 완전수다. 천국이 완전한 곳인데 천국에 들어가는 수는 숫자 12를 가지고는 안 되며 반드시 24가 되어야한다. 구약시대 12 지파와 신약시대 12 사도로 신구약 합해서 24가 되며 하늘 보좌가 24개이며, 하늘의 장로가 24 장로다.

25

숫자 25는 적그리스도요, 이단 수다.

"그가 또 나를 데리고 여호와의 성전 안뜰에 들어가시니라 보라 여호와의 성전 문 곧 현관과 제단 사이에서 약 스물다

섯 명이 여호와의 성전을 등지고 낯을 동쪽으로 향하여 동쪽 태양에게 예배하더라"(에스겔 8:16)

"이스라엘 자손 총회에서 택함을 받은 자 곧 회중 가운데에서 이름 있는 지휘관 이백오십 명과 함께 일어나서 모세를 거스르니라"(민수기 16:2)

"여호와께로부터 불이 나와서 분향하는 이백오십 명을 불살랐더라"(민수기 16:35)

38

숫자 38은 불순종의 수다. 이스라엘 백성이 가데스 바네아에서 가나안 땅을 정탐하다가 원망 불평했기에 가나안 땅에 들어가지 못하게 되었다.

"가데스 바네아에서 떠나 세렛 시내를 건너기까지 삼십팔 년 동안이라 이 때에는 그 시대의 모든 군인들이 여호와께서 그들에게 맹세하신 대로 진영 중에서 다 멸망하였나니"(신명기 2:14)

그리고 38년 된 병자가 베데스다에서 물이 동할 때를 기다리다가 주님을 만나고 치유함을 받았다.

"거기 서른여덟 해 된 병자가 있더라"(요한복음 5:5)

또한 그 38년 된 병자에게 더 심한 것이 생기지 않게 앞으로 죄를 범하지 말라고 하셨다. 그의 죄는 불순종의 죄였다.

"그 후에 예수께서 성전에서 그 사람을 만나 이르시되 보라 네가 나았으니 더 심한 것이 생기지 않게 다시는 죄를 범하지 말라 하시니"(요한복음 5:14)

법궤
(아론의 싹난 지팡이, 만나, 십계명)

법궤 안에는 세 가지 성물이 있다. 십계명, 아론의 싹난 지팡이다.

∷ 법궤 안에 있는 십계명, 만나, 아론의 싹난 지팡이

▌아론의 싹난 지팡이

하나님께서는 이스라엘 백성들이 출애굽 할 때에 모세를 지도자로 세우면서 입이 둔하다는 그를 위해 3살 많은 형 아론을 제사장으로 세워주셨다. 그런데 이스라엘 백성들이 출애굽을 한지 38년 정도 지났을 때 족장 250명과 함께 반역을 일으켰다(민수기 16장). 모세와 아론의 사촌 형제 가운데 레위 지파의 고라가 모세와 아론만 지도력을 가지고 제사장직을 수행하는 것에 불만을 가진 것이다. 하나님은 이에 대하여 진노하시고 그들을 모두 지진으로 심판하셨다. 원망하는 백성들은 염병으로 인해 14,700명이나 죽는 재앙이 일어났다.

이 일 후에 하나님께서 모세에게 이스라엘 각 지파 족장의 지팡이들과 레위 지파 중에서는 아론의 지팡이를 법궤 앞에 두게 하셨다. 그런데 그 다음 날 보니 오직 아론의 지팡이에만 싹이 나고 열매가 맺혀있었다.

:: 아론의 싹난 지팡이

"그 지팡이를 회막 안에서 내가 너희와 만나는 곳인 증거궤 앞에 두라 내가 택한 자의 지팡이에는 싹이 나리니 이것으로 이스라엘 자손이 너희에게 대하여 원망하는 말을 내 앞에서 그치게 하리라 모세가 이스라엘 자손에게 말하매 그들의 지휘관들이 각 지파대로 지팡이 하나씩을 그에게 주었으니 그 지팡이가 모두 열둘이라 그 중에 아론의 지팡이가 있었더라 모세가 그 지팡이들을 증거의 장막 안 여호와 앞에 두었더라 이튿날 모세가 증거의 장막에 들어가

본즉 레위 집을 위하여 낸 아론의 지팡이에 움이 돋고 순이 나고 꽃이 피어서 살구 열매가 열렸더라"(민수기 17:4-8)

아론의 싹난 지팡이를 통하여 하나님께서 주시고자 하는 교훈은 그를 내가 택하여 세웠고 그에게서 죽은 나무가 살아나듯이 아론을 통해 이스라엘이 살아날 것을 예언적으로 보이신 것이다. 그렇다면 아론의 싹난 지팡이는 무엇을 의미할까?

첫째, 아론의 싹난 지팡이는 하나님의 권위를 드러낸다. 족장들의 지팡이는 권위를 상징한다. 모세가 부름을 받을 때에 지팡이가 변하여 뱀이 되게 한 기적은 그에게 지도자의 권위를 세워주는 사건이 되었다. 그럼에도 그의 지도력은 계속해서 공격을 받고 원망의 대상이 됐다.

"이는 그들에게 그들의 조상의 하나님 곧 아브라함의 하나님, 이삭의 하나님, 야곱의 하나님 여호와가 네게 나타난 줄을 믿게 하려 함이라 하시고"(출애굽기 4:5)

아론의 싹난 지팡이는 원망자와 불평자는 멸망하고, 주님이 택한 자에게 권위를 세워주는 사건으로 죽은 나무를 살리는 기능적 역할을 하고 있다.

"그들 가운데 어떤 사람들이 원망하다가 멸망시키는 자에게 멸망하였나니 너희는 그들과 같이 원망하지 말라"

(고린도전서 10:10)

둘째, 아론의 지팡이는 또 예수님의 생명을 예표 한다. 하나님은 싹이 난 지팡이를 통해 아론의 제사장 직을 확립하게 하셨다. 하나님께서는 이 법궤 앞에서 우리와 만나신다고 하셨다.

"그 지팡이를 회막 안에서 내가 너희와 만나는 곳인 증거 궤 앞에 두라"(민수기 17:4)

하나님이 택하신 자의 지팡이에는 싹이 나게 된다.

"내가 택한 자의 지팡이에는 싹이 나리니 이것으로 이스라엘 자손이 너희에게 대하여 원망하는 말을 내 앞에서 그치게 하리라"(민수기 17:5)

마찬가지로 누구든지 예수님을 만나고 주님의 이름을 부르는 자는 구원을 받고 부활과 영생을 선물로 받게 된다.

"예수께서 이르시되 나는 부활이요 생명이니 나를 믿는 자는 죽어도 살겠고"(요한복음 11:25)

셋째, 아론의 지팡이는 성령의 열매를 상징한다. 예수님의 생명으로 움이 돋고 싹이 난 우리들은 이제 열매를 맺어야만 한다.

"이튿날 모세가 증거의 장막에 들어가 본즉 레위 집을 위

하여 낸 아론의 지팡이에 움이 돋고 순이 나고 꽃이 피어서 살구 열매가 열렸더라"(민수기 17:8)

우리도 과거에는 죽은 나무였다. 그러나 이제 예수님을 통하여 생명의 싹이 나오게 되었다. 살리는 것은 영이기 때문에 우리는 주님의 십자가와 말씀만을 붙잡아야 함을 보여준다.

"살리는 것은 영이니 육은 무익하니라 내가 너희에게 이른 말은 영이요 생명이라"(요한복음 6:63)

따라서 아론의 싹난 지팡이는 영을 상징하며, 성령이요, 살리는 영이 법궤에 있음을 말해준다.

만나

법궤에 있던 만나는 이스라엘 백성들이 출애굽한 이후 먹을 것이 없어 하나님을 원망하고 고기를 달라는 장면이 나온다.

"이스라엘 자손 온 회중이 그 광야에서 모세와 아론을 원망하여 이스라엘 자손이 그들에게 이르되 우리가 애굽 땅에서 고기 가마 곁에 앉아 있던 때와 떡을 배불리 먹던 때에 여호와의 손에 죽었더라면 좋았을 것을 너희가 이 광야로 우리를 인도해 내어 이 온 회중이 주려 죽게 하는도다 그 때에 여호와께서 모세에게 이르시되 보라 내가 너희를 위하여 하늘에서 양식을 비 같이 내리리니 백성이 나가서 일용할 것을 날마다 거둘 것이라 이같이 하여 그들이 내 율법을 준행하나 아니하나 내가 시험하리라 여섯째 날에는 그들이 그 거둔 것을 준비할지니 날마다 거두던 것의 갑절이 되리라 모세와 아론이 온 이스라엘 자손에게 이르되 저녁이 되면 너희가 여호와께서 너희를 애굽 땅에서 인도하여 내셨음을 알 것이요 아침에는 너희가 여호와의 영광을 보리니 이는 여호와께서 너희가 자기를 향하여 원망함을 들으셨음이라 우리가 누구이기에 너희가 우리에게 대하여 원망하느냐 모세가 또 이르되 여호와께서 저녁에는 너희에게 고기를 주어 먹이시고 아침에는 떡으로 배불리시리니 이는 여호와께서 자기를 향하여 너희가 원망하는 그 말을 들으셨음이라 우리가 누구냐 너희의 원망은 우리를 향하여 함이 아니요 여호와를 향하여 함이로다"(출애굽기 16:2-8)

이스라엘 백성들은 먹을 것이 없어지자 애굽 생활을 동경했다. 자유와 해방보다 노예와 종살이를 원했다. 그들의 울부짖음이 하늘에 상달되어 그곳을 빠져나오게 되었지만 나오자마자 원망이 시작되었다. 나는 목회하면서 한국에서 미국으로 오는 사람들을 많이 지켜볼 수 있었다. 그러나 많은 사람들이 미국에 그렇게 오기를 원해서 왔는데, 오자마자 힘든 여건과 환경이 되자 부부간에 서로 원망하는 경우를 너무 많이 보았다. 사람의 본성에 원망의 속성이 있어서다. 이는 인류 최초의 아담과 하와 때부터 하와는 뱀을 원망하고 아담은 하와를 원망하고 더 나아가 하나님을 원망하는 것이다. 그럼에도 하나님은 그들을 위하여 하늘의 만나를 내리셨다. 저녁에는 고기, 아침에는 떡을 내리셨는데 저녁의 고기는 육성을 말하고 아침의 떡은 하늘의 양식을 상징한다.

"내가 곧 생명의 떡이니라 너희 조상들은 광야에서 만나를 먹었어도 죽었거니와 이는 하늘에서 내려오는 떡이니 사람으로 하여금 먹고 죽지 아니하게 하는 것이니라 나는 하늘에서 내려온 살아 있는 떡이니 사람이 이 떡을 먹으면 영생하리라 내가 줄 떡은 곧 세상의 생명을 위한 내 살이니라 하시니라"(요한복음 6:48-51)

예수님은 자신을 계속 생명의 떡이라고 칭하셨고, 마지막 만찬에서도 자기의 살과 피를 먹고 마시라고 하셨다.

"내가 너희에게 전한 것은 주께 받은 것이니 곧 주 예수께서 잡히시던 밤에 떡을 가지사 축사하시고 떼어 이르시되 이것은 너희를 위하는 내 몸이니 이것을 행하여 나를 기념하라 하시고"(고린도전서 11:23-24)

만나는 바로 우리가 먹고 사는 문제인데, 모세가 제일 먼저 접한 문제가 먹고 사는 문제였다. 요셉은 7년 풍년이 왔을 때 쌀을 비축하고 기근이 왔을 때 백성들을 먹여 살렸다. 이제 우리가 요셉이 되어 예수님이 다시 올 때까지 성경의 비축미로 기근에 허덕이는 영혼을 먹여야할 것이다.

마태, 마가, 누가, 요한복음 4복음서 모두가 공통적으로 전한 기적이 바로 오병이어 기적인데 이것도 먹고 사는 문제를 말하는 것이다. 베드로의 그물이 찢어지도록 고기가 잡힌 것도 결국 먹고 사는 문제다. 이를 영의 양식으로 이해하면 재미있는 사실을 발견할 수 있다. 만나의 유통기한이 '하루'라는 것이다.

:: 만나

"여호와께서 이같이 명령하시기를 너희 각 사람은 먹을 만큼만 이것을 거둘지니 곧 너희 사람 수효대로 한 사람에 한 오멜씩 거두되 각 사람이 그의 장막에 있는 자들을 위하여 거둘지니라 하셨느니라 이스라엘 자손이 그같이 하였더니 그 거둔 것이 많기도 하고 적기도 하나 오멜로 되어 본즉 많이 거둔 자도 남음이 없고 적게 거둔 자도 부족함이 없이 각 사람은 먹을 만큼만 거두었더라 모세가 그들에게 이르기를 아무든지 아침까지 그것을 남겨두지 말라 하였으나 그들이 모세에게 순종하지 아니하고 더러는 아침까지 두었더니 벌레가 생기고 냄새가 난지라 모세가 그들에게 노하니라"(출애굽기 16:16-20)

주기도문에게도 오늘 우리에게 일용할 양식을 달라고 기도한다. 사실 정확한 번역은 '오늘 우리에게 내일의 양식을 달라는 것'이 더 정확하다. 양식은 오늘 하루 매일 구하는 것이고, 양식은 내일의 양식이니 안식일의 양식, 즉 안식일의 주인이신 예수님 그 자체를 구하는 것이다. 그분이 바로 생명의 양식이다. 사도바울이 날마다 죽노라고 고백한 것은 육은 죽고 대신에 매일 생명의 양식을 먹었던 것이다. 따라서 만나는 예수 그리스도를 상징한다.

십계명

모세가 받은 십계명은 모세가 시내 산에서 40일 금식기도를 하고 받은 것이다. 첫 번째 십계명은 하나님이 직접 만들어 준 돌 판이었고, 두 번째 돌 판은 모세가 직접 깎아서 만든 돌 판에 받은 십계명이다. 십계명은 열 가지 계명으로 완전한 계명을 말한다. 제 1계명부터 제 4계명은 하나님에 관한 것이고, 제 5계명부터 마지막까지는 사람에 관한 계명이다. 사실 법궤 안에는 처음에 십계명만 있었다.

:: 십계명

"내가 네게 줄 증거판을 궤 속에 둘지며"(출애굽기 25:16)

처음에는 아론의 싹 난 지팡이는 증거궤 앞에 두라고 했다(민수기 17:4). 그리고 만나 항아리 역시 증거궤 앞에 두라고 했다.

"또 모세가 아론에게 이르되 항아리를 가져다가 그 속에 만나 한 오멜을 담아 여호와 앞에 두어 너희 대대로 간수하라 아론이 여호와께서 모세에게 명령하신 대로 그것을 증거판 앞에 두어 간수하게 하였고"(출애굽기 16:33-34)

처음에는 율법책도 언약궤 옆에 두라고 했다.

"모세가 이 율법의 말씀을 다 책에 써서 마친 후에 모세가 여호와의 언약궤를 메는 레위 사람에게 명령하여 이르되 이 율법책을 가져다가 너희 하나님 여호와의 언약궤 곁에 두어 너희에게 증거가 되게 하라"(신명기 31:24-26)

그러나 나중에 이 법궤 안에 십계명 외에 두 가지 성물이 더 첨가된 것으로 보인다.

"또 둘째 휘장 뒤에 있는 장막을 지성소라 일컫나니 금 향로와 사면을 금으로 싼 언약궤가 있고 그 안에 만나를 담은 금 항아리와 아론의 싹난 지팡이와 언약의 돌판들이 있고"(히브리서 9:3-4)

물론 십계명이 가장 중요하게 여겨졌다. 십계명을 예수님은 크게 두 가지 정신으로 구분했다.

"예수께서 이르시되 네 마음을 다하고 목숨을 다하고 뜻을 다하여 주 너의 하나님을 사랑하라 하셨으니 이것이 크고 첫째 되는 계명이요 둘째도 그와 같으니 네 이웃을 네 자신 같이 사랑하라 하셨으니 이 두 계명이 온 율법과 선지자의 강령이니라"(마태복음 22:37-40)

또한, 이 십계명을 문자적 내용을 넘어 마음의 법률로 재 정의하셨다.

"옛 사람에게 말한 바 살인하지 말라 누구든지 살인하면 심판을 받게 되리라 하였다는 것을 너희가 들었으나 나는 너희에게 이르노니 형제에게 노하는 자마다 심판을 받게 되고 형제를 대하여 라가라 하는 자는 공회에 잡혀가게 되고 미련한 놈이라 하는 자는 지옥 불에 들어가게 되리라"(마태복음 5:21-22)

"또 간음하지 말라 하였다는 것을 너희가 들었으나 나는 너희에게 이르노니 음욕을 품고 여자를 보는 자마다 마음에 이미 간음하였느니라"(마태복음 5:27-28)

결론적으로 이 법궤의 '십계명'은 하나님을, '만나'는 말씀이신 예수님을, '아론의 싹 난 지팡이'는 생명 되신 성령님을 상징한다. 그러므로 우리가 섬기는 교회가 법궤이며, 우리 가정이 법궤이고, 내가 법궤가 되어야한다. 십계명의 말씀이 내안에 들어와 내가 움직이는 대로 그 말씀이 내 안에서 함께 동행 하면 내가 바로 그리스도의 편지가 되는 것이다.

"너희는 우리의 편지라 우리 마음에 썼고 뭇 사람이 알고 읽는 바라"(고린도후서 3:2)

세상의 비석은 정으로 새겨 기록한다. 하지만 내 안의 심령, 마음의 비석에는 먹물이 아닌 하나님의 성령으로 새겨 만나는 이마다 하나님의 말씀을 전해야한다.

만나는 금 항아리에 담아서 보관했는데, 우리 역시 금 그릇이 되어야한다. 쓰레기통, 오물통이 되어서는 하늘의 양식 만나를 담을 수 없다. 우리는 말씀으로 깨끗이 씻겨지고, 내 안에 더러운 쓴 뿌리를 뽑아내며, 죽었던 하늘 양식을 담아 매일의 양식으로 매일 공급받으며 살아가야한다.

마지막으로 아론의 싹 난 지팡이는 죽은 나무 앞에 살아나는 성령의 역사다. 하나님은 '나는 죽은 자의 하나님이 아니고 산 자의 하나님'이라고 하셨다. 우리도 성경에서 나무로 비유하고 있는데, 모두가 죽은 나무였지만 오늘 하나님 말씀 앞에 나아오게 되면 아론의 지팡이처럼 싹이 나고 열매를 맺게 된다. 수십 년간 하나님 말씀 앞에 나를 옮겨 놓아도 그 나무에 아무런 싹이 나지 않고 열매 맺지 않는다면, 나는 법궤 안에 있는 것이 아니라 시신을 담은 관 안에 있는 것이다. 예수 믿는 사람은 관 안에서도 생명력이 있어 그 관이 법궤로 바뀌게 된다.

천국은 여기 있다 저기 있다 못하리니 우리 안에 천국이 거한다고 했다.

"바리새인들이 하나님의 나라가 어느 때에 임하나이까 묻거늘 예수께서 대답하여 이르시되 하나님의 나라는 볼 수 있게 임하는 것이 아니요 또 여기 있다 저기 있다고도 못하리니 하나님의 나라는 너희 안에 있느니라"
(누가복음 17:20-21)

성부, 성자, 성령 하나님이 계신 곳이 법궤며, 그곳이 천국이다. 우리 교회가, 우리 가정이, 내 자신이 법궤가 되어야한다.

대제사장

성막에서 일하는 사람은 제사장과 대제사장이 있다. 사람은 그 직분에 따라서 주어지는 옷이 다르다. 군인은 군복을 입고, 경찰관은 경찰복을 법관은 법복을 입는다. 예전에는 혈통에 따라 왕이 되듯, 혈통에 따라 제사장이 되었는데, 레위 지파에서 제사장이 되었다.

출애굽기 28장에 나온 대제사장의 예복을 보면 머리에 관(39절)을 쓰고, 금패를 두르고(36-38절), 어깨에 견대를 차고(7-14절), 가슴에는 흉패를 심고 우림과 둠밈을 둔다(15-29절, 30절), 허리에 띠를 두르고(8절), 하얀 속옷을 입고(39절), 에봇 받침으로 청색의 긴 겉옷을 입고(31-34절), 겉옷아래 석류와 금방울을 단다(33-35절). 제사장의 거룩한 겉옷 청색, 자색, 홍색실과 가늘게 꼰 베실로 정교하고 짜서 만든 에봇을 두른다(6-8절).

:: 대제사장과 일반 제사상

대제사장의 옷과 그의 직분의 역할을 아는 것은 구약 시대의 제사장 특성을 알 뿐 아니라 그리스도의 속성을 알게 되는 것이며, 더 나아가서 우리의 본질을 찾게 된다. 그리스도께서 대제사장으로 지구에 오셨기 때문이다.

"또한 이와 같이 그리스도께서 대제사장 되심도 스스로 영광을 취하심이 아니요 오직 말씀하신 이가 그에게 이르시되 너는 내 아들이니 내가 오늘 너를 낳았다 하셨고 또한 이와 같이 다른 데서 말씀하시되 네가 영원히 멜기세덱의 반차를 따르는 제사장이라 하셨으니"(히브리서 5:5-6)

"여호와는 맹세하고 변하지 아니하시리라 이르시기를 너는 멜기세덱의 서열을 따라 영원한 제사장이라 하셨도다"(시편 110:4)

"그가 아들이시면서도 받으신 고난으로 순종함을 배워서 온전하게 되셨은즉 자기에게 순종하는 모든 자에게 영원한 구원의 근원이 되시고 하나님께 멜기세덱의 반차를 따른 대제사장이라 칭하심을 받으셨느니라"(히브리서 5:8-10)

그리스도가 대제사장이요, 제사장이요, 왕이라 하였으므로 대제사장의 옷과 기능을 살펴보면 그리스도가 어떤 분이신지 알 수 있다.

"그러나 너희는 택하신 족속이요 왕 같은 제사장들이요 거룩한 나라요 그의 소유가 된 백성이니 이는 너희를 어두운 데서 불러 내어 그의 기이한 빛에 들어가게 하신 이의 아름다운 덕을 선포하게 하려 하심이라"(베드로전서 2:9)

우리들도 역시 왕 같은 제사장이라고 했다. 그러므로 구약의 제사장을 알게 되면 우리들 본연의 본질과 삶의 이유 기능을 찾게 된다. 제사장은 제사장의 혈통을 따라 레위지파 곧 아론의 후손이어야 하며 만민 가운데 특별히 선택받아 뽑아 세운자라야 한다. 그래서 남이 시켜서도 못하고, 자의로도 못하고 하나님이 뽑아서 세운 자라야 한다.

무당들이 신내림을 받고 무당이 되는 것처럼. 하나님의 제사장은 하나님께로 선택 받은 자들이 그의 계보를 이어간다. 무당도 공부해서 무당이 되는 학습무와 신내림을 받은 강신무가 있는 것처럼, 목사도 공부해서 목사 안수를 받는 학습 목사가 있고, 성령의 임재로 하나님의 선택을 받은 성령임재 목사가 있다.

성령의 기름 부음으로 안수 받은 제사장은 다시 다른 사람을 안수하며 축복할 수 있다. 의사가 의사를 만들고, 태권도 사범이 태권도 사범을 만드는 것처럼, 기름 부음 받은 자가 기름 부음을 주는 것이다. 예수님은 마가복음에 보면 요단강에서 침례를 받으실 때, 하늘이 찢어지면서 주님의 음성이 들리고 비둘기 같은 성령의 임재로 성령 안수를 받았다. 역시 사도바울도 성령으로 안수 받았다.

고대의 제사장도 양각에 담은 감람유로 기름부음을 받았다. 기름

부음을 받은 제사장은 제사장복을 입음으로 효력을 갖추었다. 제사장 복은 통으로 만들었다. 지금의 우주복과 아주 유사하다. 제사장복은 입을 때 위에서부터 입는다. 이는 하늘에서 입혀 주는 것을 말한다. 마치 여성들의 통치마와 같다. 위에서부터 입는 것은 하늘로부터 입는 것이다.

제사장의 옷은 청색으로 되어 있다. 하늘색으로서 단일 색으로 되어 있어 그 옷만 보고도 그의 소속이 하늘임을 알 수가 있다. 그 옷은 목부터 다리까지 질질 끌리는데 위에서 아래까지 온통 하늘로 덮여 있다. 그래서 제사장의 소속은 하늘이다.

미국 대사는 소속이 미국이다. 한국에 있어도 그를 한국에서 함부로 대할 수 없는 것은 그의 소속이 미국에 있기 때문이다. 그래서 본래 제사장들은 땅에서 직업을 갖지 않게 했다. 레위 지파는 하나님이 기업이 되시는 것이다. 레위 지파는 하늘과 땅을 연결하여 하늘로부터 오는 은혜와 땅의 은혜로 먹고 사는 것이다. 사도바울은 노방 전도사였고, 본래 직업을 가졌다가 복음 전도자로 회심했기에 일과 복음전도를 병행했지만 노년에는 교회의 도움으로 복음전도에 전념했던 것으로 보인다.

일단 제사장은 소속이 하늘이다. 머리는 하얀 모자를 쓰고 둘레에 금테를 둘렀다. 그리고 어깨에는 노란 순 금판을 붙였다. 군대의 견대를 붙이는 것이다. 이 제사장 옷을 현재 가격으로 환산하면 수억 원에 달할 것이다. 가슴과 어깨에 보석을 박아 넣었는데 이것은 각 지파를 대표하는 보석들을 가슴에 박아 성도 하나 하나를 보석과 같이 여겼기 때문이다.

제사장은 전 교인을 양쪽 어깨에 짊어지므로 매우 무겁다. 전 세계, 전 교인을 어깨에 짊어지고 사니 늘 무거운 것이다. 제사장은 그 옷을 입고 어깨가 무겁지만 절대 옷을 벗지 못한다. 잠 들 때까지 입고 있어야하며 화장실에 갈 때도 벗지 못한다. 그러므로 제사장은 항상 교인들에게 눌려 있는 것이다. 밥을 먹을 때도, 사실은 잠을 자면서도 눌려 있는 경우가 많다.

둘째, 가슴에 흉패가 있는데 넓은 순금 판을 밑받침을 두고 흉패를 에봇 짜는 법과 동일하게 금실, 청색, 자색, 홍색, 가늘게 꼰 베실(흰색)로 견고하게 짠다. 크기는 가로 세로 각 한 뼘씩 정사각형으로 두렵으로 하고 각 보석에 다시 금테를 둘렀다. 이 흉패를 쇠사슬 끈으로 어깨 두르고 보석 12개를 박는데 그 보석이 전부 다르다. 보석 하나 하나가 각 지파를 상징하고 있다.

12지파는 12보석으로 그 지파를 상징하고 대표했다. 유다지파는 홍보석(Ruby), 잇사갈 지파는 황옥(Topaz), 스불론 지파는 녹주옥(Emerald), 르우벤 지파는 석류석(Carbuncle), 시므온 지파는 남보석(Sapphire), 갓지파는 홍마노(Diamond), 에브라임 지파는 호박(Ligure), 므낫세 지파는 백마노(Agate), 베냐민 지파는 자수정(Amethyst), 단지파는 녹보석(Beryl), 아셀지파는 호마노(Onyx), 납달리 지파는 벽옥(Jasper) 납달리 지파는 여호수아 시대 갈릴리 호수 주변을 기업으로 받았다. 이 지역은 변방지역이었고 구약시대 멸시 받은 지역이었지만 예수님이 이 곳에서 가장 많은 이적을 행하시고 복음을 전한 지역이다. 하나님의 역사는 망한 땅, 망한 사람을 들어 쓰시는 것을 종종 볼 수 있다.

우리는 모두 대제사장이신 예수 그리스도의 보석들이다. 이 보석은 4C로 그 가치를 결정한다고 한다. 4C(Clarity 투명도, Carat 무게, Color 색깔, Cut 모양과 결)에서 우리는 진정한 C이신 그리스도 Christ 로 우리의 참 가치를 두어야할 것이다. 그러므로 모든 보석의 테두리를 다시 금으로 두른 것은 변치 않는 예수로 우리를 감싸주시는 것이다.

성경 말씀에 돌아온 탕자의 이야기를 보면 탕자가 아버지를 떠나 돼지가 먹는 쥐엄 열매를 먹는 것을 볼 수 있다.

> "그가 돼지 먹는 쥐엄 열매로 배를 채우고자 하되 주는 자가 없는지라"(누가복음 15:16)

재미있는 것은 보석의 무게를 재는 캐럿(Carat)의 어원이 쥐엄나무(Carob)를 말하는 캐롭에서 유래한다. 이것을 통해 인간의 죄의 무게를 나타내고 가난의 대명사였던 쥐엄 열매가 부를 상징하는 단위가 되었으니, 세상에서 말하는 부가 하나님 앞에 탕자의 쥐엄 열매일수도 있을 것이다.

제사장은 자기 가슴판의 보석을 보면서 그 보석이 빛을 잃으면 그 지파를 위해서 기도를 했다.

> "주 여호와께서는 자기의 비밀을 그 종 선지자들에게 보이지 아니하시고는 결코 행하심이 없으시리라"(아모스 3:7)

제사장의 옷에는 아래 부분에 방울이 달려 있는데 이는 제사장의 희생 제사 기도로 백성들의 죄를 사함을 받는가, 못 받는가를 나타내는 도구가 된다. 대 제사장이 피를 들고 지성소로 들어가면 움직일 때 마다 딸랑딸랑 소리가 난다. 그러면 밖에 있는 지파는 그 방울 소리에 귀를 기울인다. 그리고 휘장 앞 법궤까지 대제사장이 들어가 하나님을 만나러가며, 하나님의 임재가 가득하면 찬양을 부르고 밖에 있는 사람들은 다함께 환호성을 지른다. 그러나 그 지파의 죄 값이 중하거나 여러 가지 이유로 사함을 받지 못하면 대 제사장이 희생제물이 되어 대신 죽는다. 그러면 방울 소리는 더 이상 들리지 않고 그 지파는 환호성을 지르는 것이 아니라 대성통곡을 하고 성소로 들어갈 수 없으니 다리에 묶고 들어간 줄을 끌어 대제사장의 시신을 밖으로 꺼낸다. 그래서 방울 소리는 제사장의 목숨 소리다.

제사장은 성민으로 성별된 자들을 위해 목숨을 버리겠다는 헌신과 각오 없이는 이 길을 걸어갈 수 없다.

"내가 진실로 진실로 너희에게 이르노니 한 알의 밀이 땅에 떨어져 죽지 아니하면 한 알 그대로 있고 죽으면 많은 열매를 맺느니라"(요한복음 12:24)

예수는 진정한 대 제사장이요, 한 알의 밀이며, 그는 자신을 죽여 우리를 살리셨다.

"사람이 친구를 위하여 자기 목숨을 버리면 이보다 더 큰 사랑이 없나니"(요한복음 15:13)

그는 우리의 진정한 친구로서 자기의 목숨을 버리셨다.

"나는 선한 목자라 선한 목자는 양들을 위하여 목숨을 버리거니와"(요한복음 10:11)

"아버지께서 나를 아시고 내가 아버지를 아는 것 같으니 나는 양을 위하여 목숨을 버리노라"(요한복음 10:15)

죽을 일이 있으면 자기가 먼저 죽어지는 것이 진정한 목자다. 목자와 카우보이의 차이는 카우보이는 자기는 가지 않고 소들을 앞으로 전진 하게 한다. '돌진 앞으로' 외치며 자신은 뒤에 서있는 것이다. 그러나 목자는 자기가 먼저 앞장서서 나를 따르라고 한다.

"내가 내 목숨을 버리는 것은 그것을 내가 다시 얻기 위함이니 이로 말미암아 아버지께서 나를 사랑하시느니라"
(요한복음 10:17)

이제 우리의 참 제사장 되신 예수 그리스도의 희생으로 우리가 생명을 얻었으니 우리도 죽는 것이 마땅하다.

"그가 우리를 위하여 목숨을 버리셨으니 우리가 이로써 사랑을 알고 우리도 형제들을 위하여 목숨을 버리는 것이 마땅하니라"(요한일서 3:16)

예수님의 제자들은 거의 대부분 순교했다. 오늘 우리는 선교사들의 헌신을 통해 예수를 믿을 수 있었으며, 근현대의 문명을 받아 현대의 병원 학교 등이 세워졌음을 기억해야한다. 그들은 대부분 한국에서 목숨을 버리고 젊은 나이에 순교했다. 사도바울도 날마다 죽노라 라고 했으며, 결국 그 역시 로마에서 순교했다.

"형제들아 내가 그리스도 예수 우리 주 안에서 가진 바 너희에 대한 나의 자랑을 두고 단언하노니 나는 날마다 죽노라"(고린도전서 15:31)

예수님은 그 자신이 십자가에 달려 죽으시고 부활의 영광에 참여하셨다. 그러므로 우리도 자기를 부인하고 자기를 죽이고 부활의 영광에 참여해야할 것이다.

"자기의 생명을 사랑하는 자는 잃어버릴 것이요 이 세상에서 자기의 생명을 미워하는 자는 영생하도록 보전하리라"(요한복음 12:25)

"이에 예수께서 제자들에게 이르시되 누구든지 나를 따라오려거든 자기를 부인하고 자기 십자가를 지고 나를 따를 것이니라"(마태복음 16:24)

목사는 남을 위해 헌신하겠다는 각오가 있어야하며, 교회 지도자들 역시 자기를 희생하여 공동체를 살려야한다. 이에 지도자와 목자의 길은 생명을 걸어야 하는 무거운 자리다. 따라서 성경은 많은 사람이 선생이 되지 말라고 했다.

"내 형제들아 너희는 선생된 우리가 더 큰 심판을 받을 줄 알고 선생이 많이 되지 말라"(야고보서 3:1)

우리는 자녀들에게 선생이며, 각 위치에서 자연스럽게 선생이 이미 되었음을 알고 있어야한다. 국가의 지도자는 국민을 위해 목숨을 바치고, 교회 지도자는 교인을 위해 목숨을 버리는 것이다. 예수는 전 인류를 위하여 그의 목숨을 버렸고, 그는 우리의 참 대제사장이었다. 그러므로 우리가 만인 제사장이라는 말도 쉽게 할 수 없는 것이다.

제2부

5대 제사

성막에서는 제사를 지냈으며, 제사에는 다섯 가지의 종류가 있었다. 번제, 소제, 화목제, 속죄제, 속건제다. 구약에 나오는 5대 제사는 레위기에 자세히 그 방법에 대해서 나와 있다. 레위기는 "레위인을 위한 책"이라는 뜻으로, 이 제목은 헬라어로 번역되면서 '70인 역'에 의해 그렇게 번역되어 제목이 정해졌다. 하지만 레위기는 원래 히브리어로는 '와이크라(ויקרא)' 즉 '그가 부르셨다'로 시작하기에 레위기의 원제목은 그의 첫 단어인 "그가 부르셨다"다.

하나님은 모세를 부르시고 이스라엘 자손에게 제사법과 예물 법을 가르치라고 하셨다. 따라서 이 책은 제사장만을 위한 책이 아니라 사실 하나님의 자녀와 온 백성들에게 해당되는 책이다. 특별히 이스라엘 백성들은 지금도 어린이들에게 모세 오경 가운데 레위기를 제일 먼저 가르친다고 한다. "어린이는 정결하고 제사도 정결하다. 따라서 정결한 것이 정결한 것을 공부하도록 해야 한다."

오늘 우리가 드리는 이 예배도 정결하게 영과 진리로 드려야 된다. 사람과 사람의 만남에도 법도가 있고, 절차가 있고, 예식이 있듯이 하나님과의 만남에서도 법도와 절차와 예식을 요구하고 있다. 바른 예식을 통해 하나님과의 올바른 교제를 나누도록 지침을 주고 있다. 대통령과의 만남에 법도와 절차가 있듯이 레위기는 하나님과의 만남에 대한 여러 가지 지침을 담고 있다.

심지어 귀신에게 제사를 지낼 때도 그들 나름대로의 법도를 정해놓고 음식의 규정대로 제사상을 차리고 예식에 따라 절을 하고 몸을 정결하게 씻고 제사를 지낸다. 하물며 전지전능하시고 온 우주의 통치자 되시는 하나님께 예배 드릴 때에 우리의 정성을 다해서 드려야 되는 것은 당연하다. 그래서 성경은 영과 진리로 예배를 드리라고 했다.

"하나님은 영이시니 예배하는 자가 영과 진리로 예배할지니라"(요한복음 4:24)

번제(燔祭)

번제(燔祭)는 구약성경에 노아가 제일 먼저 드렸다고 기록되어 있다. 그리고 아브라함도 번제를 드렸다. 즉, 모세시대 제사 율법이 나오기 전에 이미 하나님께 번제를 드리고 있었던 것이다. 이후 이 번제가 성전을 지어 형식과 의례를 만들어 드리게 되었다(레위기 1:1-17).

"노아가 여호와께 제단을 쌓고 모든 정결한 짐승과 모든 정결한 새 중에서 제물을 취하여 번제로 제단에 드렸더니"(창세기 8:20)

"아브라함이 눈을 들어 살펴본즉 한 숫양이 뒤에 있는데 뿔이 수풀에 걸려 있는지라 아브라함이 가서 그 숫양을 가져다가 아들을 대신하여 번제로 드렸더라"(창세기 22:13)

제사장이 없는 부족 사회에서는 제사드릴 때 가장이 제사를 주도했다.

"그들이 차례대로 잔치를 끝내면 욥이 그들을 불러다가 성결하게 하되 아침에 일어나서 그들의 명수대로 번제를 드렸으니 이는 욥이 말하기를 혹시 내 아들들이 죄를 범하여 마음으로 하나님을 욕되게 하였을까 함이라 욥의 행위가 항상 이러하였더라"(욥기 1:5)

특별히 욥은 '자녀들 명수대로 번제를 드렸다'고 성경에서 말하고 있다. 나의 어머니는 항상 기도원에 가든지, 부흥회를 하든지, 나의 생일이든지 그곳에 내 동생과 내 이름으로 예물을 드린다. 지금도 주님의 제단에 나의 이름이 강사님에 의해 불렸던 것이 기억난다. 어렸을 때는 어머니에게 '왜 내 이름으로 봉헌 하냐?'고 몹시 불편해하고 싫어했던 적이 있었다. 그러나 지금은 그 때 일을 생각하며 참 감사하게 여긴다.

번제는 무엇인가? 번제는 히브리어로 '올라(עֹלָה, olah)'로, 이 뜻은 '올라간다'는 뜻이다. 히브리어 중에는 한국말과 비슷한 것이 많이 있다. '아빠'가 그렇고 '올라'가 그렇다. 번제는 '올라간다'라는 뜻으로 '하나님께로 올라간다'는 뜻이다. 오늘 우리의 예배

:: 번제

가 하나님께 올라가는 것이고, 우리가 드리는 예물이 하나님께 올라가는 것이고, 우리가 드리는 정성이, 시간이, 영, 혼, 육이 하늘로 올라가는 것이다.

번제는 불로 태우는 화제(火祭)로서, 가죽은 제사장이 취하고 나머지는 다 불로 태운다. 드리는 예물은 소, 양, 염소의 흠 없는 수컷이며, 가난한 자는 산비둘기나 집비둘기로도 드릴 수 있다. 그리고 번제물은 흠 없는 수컷으로 드리게 되어 있다.

번제의 순서를 보면 다음과 같다.

1. 회막 문 앞 제사장에게 제물을 가져온다.
2. 제물에 안수를 한다.
3. 재물을 죽인다.
4. 제사장이 그 피를 번제단 네 면에 뿌린다.
5. 번제물의 가죽을 벗기고 가죽은 제사장이 취한다.
6. 번제물을 각을 떠서 조각으로 자른다.
7. 제사장은 제단에 불과 나무를 준비한다.
8. 제사장은 조각난 제물과 그 머리와 기름을 제단 위에 올린다.
9. 제물의 내장과 다리 정강이를 물로 씻는다.
10. 제사장은 그 전부를 단 위에 불사른다.

가난한 자의 '새의 번제' 역시 이러한 예식을 취한다. 이것은 자원해서 드리는 예물로서 '코르반(קָרְבָּן, Corban)'이라고 한다. 그러나 창세기 15장 10절에 보면 아브라함은 '새를 쪼개지 않았다'라고 말한다. 그때에 솔개가 그 사체 위에 내리고 캄캄함이 임하고 심히 두려운 마음이 생기고 하나님께서는 아브람에게 "네 자손이 사백 년 동안 이방에서 객이 되어 그들을 섬기리라"고 말씀하셨다. 불이 떨어지지 않으면 솔개가 채어가고, 마음이 따뜻해지고 기쁨이 오는 것이 아니라 불안과 어둠이 오는 것이다.

번제의 의미는 성경에 다음과 같이 기록되어 있다.

"그는 번제물의 머리에 안수할지니 그를 위하여 기쁘게 받으심이 되어 그를 위하여 속죄가 될 것이라"(레위기 1:4)

속죄는 '코페르(rp´K:, kopher)'로서 구약에 101회가 사용되었는데, 레위기에서만 49회가 사용되었다. 특별히 이 뜻은 '죽어야 할 사람의 몸값을 대신 지불한다.'는 뜻으로 해석할 수 있으며, 직역하면 '덮어 준다'는 뜻이 있다. 노아 방주의 '역청'이 이 단어와 같다.

번제의 핵심적인 의미는 제물을 온전히 태워서 올려 바치는 행위로 가죽을 벗기고 머리를 비틀어 온전히 죽인 후 각을 뜨고 내장을 꺼내고 다 불살라버리는 것이다. 내 안에 더러운 모든 것을 다 꺼내고 온전한 산 제물이 되어 하나님 앞에 성령의 불로 불살라 하나님이 흠향하시기에 합당한 예물이 되는 것이 번제며, 이것이 주님 앞에 향기로운 제사가 된다. 엘리야도 제사를 지낼 때 불로 응답 받았다.

"또 나무를 벌이고 송아지의 각을 떠서 나무 위에 놓고 이르되 통 넷에 물을 채워다가 번제물과 나무 위에 부으라 하

고"(열왕기상 18:33)

"이에 여호와의 불이 내려서 번제물과 나무와 돌과 흙을 태우고 또 도랑의 물을 핥은지라"(열왕기상 18:38)

오늘 우리의 제사가 불로 응답받아야하는 이유다.

소제 (燒祭)

소제는 히브리어로 '민하(מִנְחָה, minchah)'라고 한다. 처음에는 동물 제사도 소제로 함께 불리었다가 번제가 소제로부터 분리되면서, 이 '소제'가 동물의 피로하는 제사가 아니라 곡물이나 열매로 드리는 제사로 발전했다. 그래서 아벨이 양을 희생 제물로 드렸는데 이것 역시 '소제'(민하)라고 기록하고 있다. 이 '소제'는 유일하게 예루살렘 혹은 성전 외에서 드릴 수 있도록 허용되었다.

"누구든지 소제의 예물을 여호와께 드리려거든 고운 가루로 예물을 삼아 그 위에 기름을 붓고 또 그 위에 유향을 놓아 아론의 자손 제사장들에게로 가져갈 것이요 제사장은 그 고운 가루 한 움큼과 기름과 그 모든 유향을 가져다가 기념물로 제단 위에서 불사를지니 이는 화제라 여호와께 향기로운 냄새니라 그 소제물의 남은 것은 아론과 그의 자손에게 돌릴지니 이는 여호와의 화제물 중에 지극히 거룩한 것이니라 네가 화덕에 구운 것으로 소제의 예물을 드리려거든 고운 가루에 기름을 섞어 만든 무교병이나 기름을 바른 무교전병을 드릴 것이요 철판에 부친 것으로 소제의 예물을 드리려거든 고운 가루에 누룩을 넣지 말고 기름을 섞어 조각으로 나누고 그 위에 기름을 부을지니 이는 소제니라 네가 냄비의 것으로 소제를 드리려거든 고운 가루와 기름을 섞어 만들지니라 너는 이것들로 만든 소제물을 여호와께로 가져다가 제사장에게 줄 것이요 제사장은 그것을 제단으로 가져가서 그 소제물 중에서 기념할 것을 가져다가 제단 위에서 불사를지니 이는 화제라 여호와께 향기로운 냄새니라 소제물의 남은 것은 아론과 그의 아들들에게 돌릴지니 이는 여호와의 화제물 중에 지극히 거룩한 것이니라 너희가 여호와께 드리는 모든 소제물에는 누룩을 넣지 말지니 너희가 누룩이나 꿀을 여호와께 화제로 드려 사르지 못할지니라 처음 익은 것으로는 그것을 여호와께 드릴지나 향기로운 냄새를 위하여는 제단에 올리지 말지며 네 모든 소제물에 소금을 치라 네 하나님의 언약의 소금을 네 소제에 빼지 못할지니 네 모든 예물에 소금을 드릴지니라 너는 첫 이삭의 소제를 여호와께 드리거든 첫 이삭을 볶아 찧은 것으로 네 소제를 삼되 그 위에 기름을 붓고 그 위에 유향을 더할지니 이는 소제니라 제사장은 찧은 곡식과 기름을 모든 유향과 함께 기념물로 불사를지니 이는 여호와께 드리는 화제니라"(레위기 2:1-16)

그 시초는 가인의 제사, 멜기세덱의 제사로 소제가 오랜 전통이었음을 알 수 있다.

"살렘 왕 멜기세덱이 떡과 포도주를 가지고 나왔으니 그는 지극히 높으신 하나님의 제사장이었더라"(창세기 14:18)

소제 역시 매일 드리는 제사로 번제와 함께 드려지며 성소의 떡상에 차려 놓는 '진설병'도 일종의 소제다.

"누구든지 소제(곡물)의 예물을 여호와께 드리려거든 고운 가루(거친 가루)로 예물을 삼아 그 위에 기름을 붓고 또 그 위에 유향을 놓아"(레위기 2:1)

여기서 '누구든지'는 '네페쉬(נֶפֶשׁ, nepesh)'로서 남녀를 구별하지 않을 때 쓰는 단어다. 그리고 고운가루는 '솔레트(סֹלֶת, Sollet)'로서 사실은 '거친 가루'로 번역되는 것이 맞다. 일반적인 곡식 가루는 '케마흐(קֶמַח, Kemah)'라고 한다. 왜 '거친 가루'를 드리는가? 이들은 지금 계속 전쟁의 와중이고, 어렵지 않게 구할 수 있는 형태의 곡식이기 때문이다. 신학자들은 '거친 가루'를 허용한 것은 '일반 서민이 사용하는 밀가루의 상태를 그대로 허용했기 때문'이라고 말한다.' 다만, 거친 가루이기는 하지만 반드시 맷돌이나 절구에서 갈고 빻고 해서 고운 가루로 하나님께 드리는 것이다.

아직도 덜 다듬어진 나지만 내 자신을 이 예배시간에 부서뜨리고

:: 소제

무너뜨리고 갈고 빻아서 하나님께 고운 가루로 드리는 것이다. 이것이 바로 소제다. 따라서 가인의 제사가 곡식 제사라 받지 않은 것이 아니라 합당하게 드리지 못해서 흠향되지 않은 것이다.

소제는 거친 가루를 빻아서 고운 가루로 만들고 그 이후 기름을 붓는다. 기름은 구약에서 성령과 기쁨을 상징하고 있다.

> "이에 사무엘이 기름병을 가져다가 사울의 머리에 붓고 입 맞추며 이르되 여호와께서 네게 기름을 부으사 그의 기업의 지도자로 삼지 아니하셨느냐"(사무엘상 10:1)

여기서 기름은 '성령'을 의미한다. 이제는 성령으로 기름 치고 성령으로 안수 받고 새롭게 태어나서 나를 주님께 산 제물로 드려야한다.

"주 여호와의 영이 내게 내리셨으니 이는 여호와께서 내게 기름을 부으사 가난한 자에게 아름다운 소식을 전하게 하려 하심이라 나를 보내사 마음이 상한 자를 고치며 포로된 자에게 자유를, 갇힌 자에게 놓임을 선포하며 여호와의 은혜의 해와 우리 하나님의 보복의 날을 선포하여 모든 슬픈 자를 위로하되 무릇 시온에서 슬퍼하는 자에게 화관을 주어 그 재를 대신하며 기쁨의 기름으로 그 슬픔을 대신하며 찬송의 옷으로 그 근심을 대신하시고 그들이 의의 나무 곧 여호와께서 심으신 그 영광을 나타낼 자라 일컬음을 받게 하려 하심이라"(이사야 61:1~3)

여기 본문에 '성령으로 기름을 친다'고 기록되어 있다. 그 성령의 기름은 가난한 자에게 아름다운 소식을 전해주고, 마음이 상한 자를 고치시고, 포로된 자에게 자유를 주시고, 갇힌 자에게 놓임을 주시고, 모든 슬픈 자를 위로하시고, 슬픔 대신 희락을 주시며 찬송의 옷을 주시는 것이다. 이것이 소제인 것이다.

기름을 친 다음 유향을 놓는다. 성경에 보면 향은 '성도의 기도'다.

"나의 기도가 주의 앞에 분향함과 같이 되며 나의 손 드는 것이 저녁 제사 같이 되게 하소서"(시편 141:2)

"그 두루마리를 취하시매 네 생물과 이십사 장로들이 그 어린 양 앞에 엎드려 각각 거문고와 향이 가득한 금 대접을 가졌으니 이 향은 성도의 기도들이라"(요한계시록 5:8)

이제 나는 기도로 하나님께 정성의 향을 올려 보낸다. 예배 시간에 드려지는 모든 기도의 시간들이 하나님 앞에 올려드리는 향이다. 이 향은 짐승의 냄새를 제거하는 역할을 한다. 나의 육적인 자아, 나의 육적인 것을 다 태워버리고 이제 기도의 향만을 하나님께 올려드리는 것이다.

소제의 예식 순서는 다음과 같다.

1. 곡식 예물을 준비한 후 갈고 빻는다.
2. 그 위에 기름을 붓는다.
3. 그 위에 유향을 놓는다.
4. 아론 자손인 제사장들에게 가져 온다.
5. 제사장은 그 소제 물 중 고운 기름 가루 한 줌과 모든 유향을 취한다.
6. 제사장은 그것을 '기념물'로 제단 위에 불사른다.
7. 소제물의 남은 것은 지극히 거룩한 성물로 아론과 그 자손들의 몫이 된다.

"네가 화덕에 구운 것으로 소제의 예물을 드리려거든 고운 가루에 기름을 섞어 만든 무교병이나 기름을 바른 무교전병을 드릴 것이요"(레위기 2:4)

무교병은 누룩이 들어 있지 않은 두꺼운 떡을 말한다. 그리고 전병은 얇은 과자이기에 기름으로 반죽하지 않고 기름을 바르는 것이다. 두꺼운 떡과 얇은 떡이 있다. 예수님은 자신을 떡이라고 하셨고, 두꺼운 떡은 구약, 얇은 떡은 신약으로 생각해도 좋을 것이다.

"예수께서 이르시되 나는 생명의 떡이니 내게 오는 자는 결코 주리지 아니할 터이요 나를 믿는 자는 영원히 목마르지 아니하리라"(요한복음 6:35)

"자기가 하늘에서 내려온 떡이라 하시므로 유대인들이 예수에 대하여 수군거려"(요한복음 6:41)

이 떡이 기름으로 발라진 것처럼, 오늘날 이 성경 말씀이 '성령의 감화 감동으로 기록되었다'고 하는데 인간의 이성으로, 인간의 합리성으로 이해하려고 하면 이해되지도 않을 뿐만 아니라 그것으로 드리면 흠향되지도 않는다.

레위기 5장 5절의 '번철'은 '구이 판'으로 번역하는 것이 이해가 쉽다. 철로 만든 것도 있지만 일반적으로 흙으로 만들어진 '구이 판'이 소제에 사용되었기에 '구이 판'으로 번역해야 오해의 소지가 없다. 구이 판에 떡을 구워 예물을 드리려면 한 가지 금해야하는 것이 있는데 그것이 '누룩'이다.

누룩은 발효물질로 변하는 성질을 가지고 있다. 예배에 드려지는 모든 것은 변하는 성질을 드리지 못하게 되었다. 우리의 희생도, 봉

사도 변질 되면 안 된다는 것이다.

"너희가 자랑하는 것이 옳지 아니하도다 적은 누룩이 온 덩어리에 퍼지는 것을 알지 못하느냐 너희는 누룩 없는 자인데 새 덩어리가 되기 위하여 묵은 누룩을 내버리라 우리의 유월절 양 곧 그리스도께서 희생되셨느니라 이러므로 우리가 명절을 지키되 묵은 누룩으로도 말고 악하고 악의에 찬 누룩으로도 말고 누룩이 없이 오직 순전함과 진실함의 떡으로 하자"(고린도전서 5:6-8)

신앙의 첫 사랑을 잃어버리고, 초심을 잃어버리고 나의 성공을 내 자신에게 돌리고, 교만이 나타나면 그것이 누룩이다. 늘 겸손하게, 늘 낮아져서, 늘 섬기는 자세가 바로 누룩 없는 예물이다.

"조각으로 나누고 그 위에 기름을 부을지니 이는 소제니라"(레위기 2:6)

여기서 조각은 칼로 조각내는 것이 아니고 부수어서 조각을 내는 것이다. "부수어 조각으로 만들고"로 번역하면 더 명확하다. 예물은 부서지고 무너지고 빻아야 되는 것이다. 부서지고, 무너지고, 깨어지고, 씻겨야 제물이 된다.

"네가 냄비의 것으로 소제를 드리려거든 고운 가루와 기름

을 섞어 만들지니라"(레위기 2:7)

여기서 냄비는 '솥'이 아니라 '튀김판'으로 원어로는 '마르헤쉐트(markheh'sheth, marchesheth)'인데 삶는 솥을 이야기하는 것이 아니다. 이것도 정확한 번역은 "만약 너의 예물이 튀김 판에서 만드는 소제물이라면 너는 거친 가루에 기름을 섞어야 한다."가 더 정확한 번역이다.

튀김 판에다 튀기든지, 구이 판에 굽든지 다 기름으로 온전히 달궈서 불로 익히는 것이다. 무엇이 되었든지 합당한 예물은 불로 응답받게 되어 있으니, 영과 진리로

∷ 냄비의 것으로 드리는 소제

흠 없이 드린 제사는 반드시 불로 응답 받게 되어있다. 그리고 예배 후에 가슴이 뜨거워져서 돌아가게 되어 있다.

또 하나, 드리지 못하는 것이 있는데 누룩과 함께 꿀은 바르지도 못하고, 드리지도 못한다. 왜냐하면 꿀 역시 변질 되는 성질이 있기 때문이다.

"너희가 여호와께 드리는 모든 소제물에는 누룩을 넣지 말지니 너희가 누룩이나 꿀을 여호와께 화제로 드려 사르지 못할지니라"(레위기 2:11)

반면, 꼭 첨가해야하는 것이 있는데 그것은 '소금'이다.

"네 모든 소제물에 소금을 치라 네 하나님의 언약의 소금을 네 소제에 빼지 못할지니 네 모든 예물에 소금을 드릴지니라"(레위기 2:13)

고대 셈족과 아랍인들은 언약을 체결하고 공동식사를 할 때 소금을 나누어 먹는 풍습이 있었다. 소금은 변하지 않는 계약관계를 의미한다. 식물을 묶어서 하늘로 들어 흔드는 것을 '요제(wave offering)'라고 하는데, 지금도 손을 들고 흔들면 예배 드리면 그것이 요제다.

"그 전부를 아론의 손과 그의 아들들의 손에 주고 그것을 흔들어 여호와 앞에 요제를 삼을지며"(출애굽기 29:24)

"너는 그 흔든 요제물 곧 아론과 그의 아들들의 위임식 숫양의 가슴과 넓적다리를 거룩하게 하라"(출애굽기 29:27)

예수님은 변함이 없으신 분이다. 그런데 우리는 자꾸 변하고, 누룩이 들어가고, 꿀이 들어가 변질된다. 우리 자신을 하나님께 산 제물로 드려야 하는데 성령의 기름이 발라지지 않아 말씀의 불에 닿으면 타버린다. 나를 아직 온전히 빻지를 않아서 뭉쳐지지가 않는다. 그러므로 지금의 나를 가루로 만드는 소제로, 흔들어 요제로, 태워서 번제로 드려야할 것이다.

화목제(和睦祭)

레위기 3장은 화목 제사에 관한 규례다. 그리고 신약 성경에서는 예수님만이 우리와 하나님의 막힌 담을 무너뜨리고 하나님께 갈 수 있는 유일한 길을 열어 우리를 하나님과 화목케 하실 수 있다고 했다.

"그의 십자가의 피로 화평을 이루사 만물 곧 땅에 있는 것들이나 하늘에 있는 것들이 그로 말미암아 자기와 화목하게 되기를 기뻐하심이라 전에 악한 행실로 멀리 떠나 마음으로 원수가 되었던 너희를 이제는 그의 육체의 죽음으로 말미암아 화목하게 하사 너희를 거룩하고 흠 없고 책망할 것이 없는 자로 그 앞에 세우고자 하셨으니"

(골로새서 1:20-22)

그러므로 제사라는 것은 하나님과 하나가 되고 이웃과 가족과 하나가 되는 것이다. 목회자와 성도가 하나가 되고, 성도와 성도가 하나가 되는 것이다. 그리고 세대를 넘어서, 지식이나 부를 넘어 하나가 되는 것이다.

"이제는 전에 멀리 있던 너희가 그리스도 예수 안에서 그리스도의 피로 가까워졌느니라 그는 우리의 화평이신지라 둘로 하나를 만드사 원수 된 것 곧 중간에 막힌 담을 자기 육체로 허시고 법조문으로 된 계명의 율법을 폐하셨으니 이는 이 둘로 자기 안에서 한 새 사람을 지어 화평하게 하시고 또 십자가로 이 둘을 한 몸으로 하나님과 화목하게 하려 하심이라 원수 된 것을 십자가로 소멸하시고 또 오셔서 먼 데 있는 너희에게 평안을 전하시고 가까운 데 있는 자들에게 평안을 전하셨으니 이는 그로 말미암아 우리 둘이 한 성령 안에서 아버지께 나아감을 얻게 하려 하심이라 그러므로 이제부터 너희는 외인도 아니요 나그네도 아니요 오직 성도들과 동일한 시민이요 하나님의 권속이라 너희는 사도들과 선지자들의 터 위에 세우심을 입은 자라 그리스도 예수께서 친히 모퉁잇돌이 되셨느니라 그의 안에서 건물마다 서로 연결하여 주 안에서 성전이 되어 가고 너희도 성령 안에서 하나님이 거하실 처소가 되기 위하여 그리스도 예수 안에서 함께 지어져 가느니라"(에베소서 2:13-22)

주님은 평화이시며, 막힌 담을 모두 허시고, 둘로 하나를 만드시고, 원수 된 것을 십자가로 소멸하셨다. 예수님의 산상수훈에서 8복 (사실은 9복)에 보면 '화평케 하는 자는 하나님의 아들이라 칭함을 받으리라'고 했다. '예배를 드리다가 형제와 다툰 것이 있거든 화해하고 와서 예배를 드리라'고 했다. 오늘 우리가 드리는 이 예배가 화목제인가? 화목케 하는 예배인가? 둘로 하나가 되는 예배인가? 예배를 통해 하나님과 친교를 나누고 하나님과 관계가 회복되고, 이웃과 친교를 나누고 이웃과 관계가 회복 되는 것이 바로 화목제다.

"사람이 만일 화목제의 제물을 예물로 드리되 소로 드리려면 수컷이나 암컷이니 흠 없는 것으로 여호와 앞에 드릴지니"(레위기 3:1)

화목제는 번제와 같이 짐승을 하나님께 드린다는 점에서 같다. 그러나, 암수 구별 없이 드릴 수 있다. 반면 번제는 수컷만 드릴 수 있다.

"그는 또 그 화목제의 제물 중에서 여호와께 화제를 드릴지니 곧 내장에 덮인 기름과 내장에 붙은 모든 기름과 두 콩팥과 그 위의 기름 곧 허리 쪽에 있는 것과 간에 덮인 꺼풀을 콩팥과 함께 떼어낼 것이요"(레위기 3:3-4)

이 말씀 중 기름과 콩팥이 무엇인가? 그것은 가장 좋은 것을 말하며 주님의 것이라는 의미다.

"느헤미야가 또 그들에게 이르기를 너희는 가서 살진 것을 먹고 단 것을 마시되 준비하지 못한 자에게는 나누어 주라 이 날은 우리 주의 성일이니 근심하지 말라 여호와로 인하여 기뻐하는 것이 너희의 힘이니라 하고"(느헤미야 8:10)

"만군의 여호와께서 이 산에서 만민을 위하여 기름진 것과 오래 저장하였던 포도주로 연회를 베푸시리니 곧 골수가 가득한 기름진 것과 오래 저장하였던 맑은 포도주로 하실 것이며"(이사야 25:6)

기름진 것은 가장 좋은 것을 의미한다.

"그리고 살진(기름진) 송아지를 끌어다가 잡으라 우리가 먹고 즐기자" (누가복음 15:23)

모든 기름진 것은 가장 좋은 것이며, 가장 좋은 것은 하나님의 것이다. 주님께 가장 좋은 것을 드리는 것이다. 그 중 가장 기름기가 많은 곳이 바로 콩팥이다.

"여호와의 칼이 피 곧 어린 양과 염소의 피에 만족하고 기름 곧 숫양의 콩팥 기름으로 윤택하니 이는 여호와를 위한 희생이 보스라에 있고 큰 살륙이 에돔 땅에 있음이라"

(이사야 34:6)

:: 화목 제물

콩팥은 심장 다음으로 중요한 기관으로 피와 기름, 생명과 가장 귀한 것을 주님께 드리는 것이다. 영과 진리로 생명 바쳐 예배 드리고, 가장 귀한 것으로 주님께 드리는 것이 바로 화목제다. 먹고 남는 것을 드리는 것이 아니라 먼저 성별하여 드리는 것이다.

"아론의 자손은 그것을 제단 위의 불 위에 있는 나무 위의 번제물 위에서 사를지니 이는 화제라 여호와께 향기로운 냄새니라"(레위기 3:5)

그 다음 불사르라고 했다. 불은 시험과 고난을 상징한다.

"내가 그리스도와 그 부활의 권능과 그 고난에 참여함을 알고자 하여 그의 죽으심을 본받아"(빌립보서 3:10)

사도바울도 이 고난에 참예했다. 그러므로 이 번제는 반드시 불에 의해 살라져야한다.

"그러나 내가 가는 길을 그가 아시나니 그가 나를 단련하신 후에는 내가 순금 같이 되어 나오리라"(욥기 23:10)

주님께 드려지는 예물이 되기 위해서는 불같은 시험을 이겨내고 연단되어 정금 같이 나온 후에 하나님이 받으시기에 합당한 예물이 되어야한다. 아직도, 왜 자꾸 나에게 환난이 오는가라는 생각이 들 때에는 이것이 환난이 아니라 나를 정금과 같이 만들려는 하나님의 위대한 계획이었다는 것을 깨달아야한다.

"만일 여호와께 예물로 드리는 화목제의 제물이 양이면 수컷이나 암컷이나 흠 없는 것으로 드릴지며 만일 그의 예물로 드리는 것이 어린 양이면 그것을 여호와 앞으로 끌어다가"(레위기 3:6-7)

성경에서 드려지는 번제의 양은 예수 그리스도를 상징한다.

"이튿날 요한이 예수께서 자기에게 나아오심을 보고 이르되 보라 세상 죄를 지고 가는 하나님의 어린 양이로다"
(요한복음 1:29)

"예수께서 거니심을 보고 말하되 보라 하나님의 어린 양이로다"(요한복음 1:36)

"그가 곤욕을 당하여 괴로울 때에도 그의 입을 열지 아니하였음이여 마치 도수장으로 끌려 가는 어린 양과 털 깎는 자 앞에서 잠잠한 양 같이 그의 입을 열지 아니하였도다"(이사야 53:7)

"내가 또 보니 보좌와 네 생물과 장로들 사이에 한 어린 양이 서 있는데 일찍이 죽임을 당한 것 같더라 그에게 일곱 뿔과 일곱 눈이 있으니 이 눈들은 온 땅에 보내심을 받은 하나님의 일곱 영이더라"(요한계시록 5:6)

양은 가장 완벽한 예수 그리스도의 희생 제물을 재현하고 있는 것이다.

"그 예물의 머리에 안수하고 회막 앞에서 잡을 것이요 아론의 자손은 그 피를 제단 사방에 뿌릴 것이며 그는 그 화목제의 제물 중에서 여호와께 화제를 드릴지니 그 기름 곧 미골에서 벤 기름진 꼬리와 내장에 덮인 기름과 내장에 붙은 모든 기름과 두 콩팥과 그 위의 기름 곧 허리쪽에 있는 것과 간에 덮인 꺼풀을 콩팥과 함께 떼어낼 것이요"

(레위기 3:8-10)

"제사장은 그것을 제단 위에서 불사를지니 이는 화제로 여호와께 드리는 음식이니라(음식 예물이다)"(레위기 3:11)

"만일 그의 예물이 염소면 그것을 여호와 앞으로 끌어다가"(레위기 3:12)

:: 아사셀의 염소

양과 염소를 구별한 것은 기름을 드려야하는 '화목제'의 경우 꼬리에 기름이 있는 양과 꼬리에 기름이 없는 염소를 분리하기 위함이다. 여기서 염소는 아사셀 염소처럼 우리 죄를 끌고 가는 예수님을 상징한다. 그리고 화목제의 염소는 양과 같이 암, 수의 구별이 없이 하나님께 드릴 수 있다.

"너희는 기름과 피를 먹지 말라 이는 너희의 모든 처소에서 너희 대대로 지킬 영원한 규례니라"(레위기 3:17)

왜 기름과 피를 먹지 말라고 했는가? 기름과 피는 하나님의 것이기 때문이다. 피는 제단 사면에 뿌려야 되는 것이며, 기름은 태워 하늘에 올려야하는 것이다. 또한 피는 구원을 상징하는 것이며, 기름은 정화와 구별을 상징한다.

이 모든 과정 후, 이제 음식을 나눈다. 다른 제사와 달리 이것은 봉헌한 사람이 그것을 가지고 제사장과 함께 음식을 나눈다. 제사장은 제물의 가슴을 흔들어 올리어 먹고, 어깨살을 먹는다. 교회에 봉헌된 성물과 음식을 교인들과 함께 나누는 것이 바로 화목제다.

제사장은 가슴을 먹는데, 자신의 가슴에 있는 흉패와 안장을 바라보면서 가슴에 놓여있는 열 두 지파를 바라보고 더 성도를 위해 기도하게 된다. 성도는 자신들의 헌신을 통해 하나님과 화해하고, 이웃과 화해하게 하는 화목제다. 제사를 드리는 사람이 주위에 있는 사람들과 자신이 드린 예물을 나눠 먹는 것이다. 이는 성도의 교제를 나타낸다. 그리고 그 고기는 하루 또는 이틀 안에 다 먹도록 규정하고 있다.

교회는 자주 천국 잔치를 해야 한다. 이웃을 초청해 함께 먹고 화목 제사를 지내며 아끼지 말아야 한다. 소 한 마리를 하루에 먹으려면 혼자, 혹은 한 가정이 먹을 수 없다. 따라서 주위에 있는 사람들을 불러 모아 즐겁게 고기 파티를 할 수 밖에 없다. 이날은 즐거운 성도의 친교가 이루어지는 날이 된다. 화목제에서 우리는 함께 맛있는 음식을 나누어 먹고 친교를 나누는 성도들 간의 교제를 예배 수준까지 올린 것이다. 하나님께서 우리의 화목을 너무도 중요시 여기기에 화목 제사가 5대 제사로 정해졌음을 기억해야한다.

오늘 내가 드려지는 예배가 화목제인가? 둘이 하나가 되고, 막힌 담이 허물어지는 예배인가? 하나님께 드리는 예배 시간마다 화목제의 역사가 일어나야한다. 그리고 이웃과 화해하는, 하나님과의 화해의 역사가 있는 화목제를 드려야 할 것이다.

속죄제(贖罪祭)

번제는 '올라', 소제는 '민하', 화목제는 '제바흐 셜라밈'이며 속죄제는 '하타트(חטאת)'다. 속죄제는 하나님의 소유 이스라엘 백성이 하나님의 계명을 어기고 제사장 나라와 거룩한 백성이라는 그분의 목표에서 어긋난 삶을 살았을 때, 죄로 말미암아 가로막힌 하나님과의 관계를 회복시키는 제사다. 그래서 속죄제는 하나님을 위하여 드리는 제사가 아니라 나 자신의 죄를 사함 받기 위하여 드리는 제사다.

성경에 나오는 나병이라는 말은 '단절'이라는 뜻이고, 영어의 죄(sin)는 '분리(seperation)'라는 의미로 그것이 바로 '감옥(prison)'이 된다.

번제, 소제, 화목제 모두 번제 단에 태우는 제사다. 그러나 속죄제는 번제 단에서 태우지 않는다. 물론, 소의 몸은 번제 단에서 태우나 나머지는 진 밖에서 태운다.

"화목제 제물의 소에게서 떼어냄 같이 할 것이요 제사장은 그것을 번제단 위에서 불사를 것이며 그 수송아지의 가죽과 그 모든 고기와 그것의 머리와 정강이와 내장과 똥 곧 그 송아지의 전체를 진영 바깥 재 버리는 곳인 정결한 곳으로 가져다가 불로 나무 위에서 사르되 곧 재 버리는 곳에서 불사를지니라"(레위기 4:10-12)

이것은 예수 그리스도가 진 바깥에서 죽을 것을 예표 한다. 우리는 주님이 성 밖 갈보리에서 죽으시면서 "나의 하나님 나의 하나님 어찌하여 나를 버리셨나이까?"(마태복음 27:46)라고 절규하셨음을 기억한다. 번제, 소제, 화목제는 모두 향기로운 냄새를 하나님께 드리지만, 속죄제는 자신의 죄를 진 밖에 내다 버리는 것이다. 그러므로 향연이 아니라 죄를 지고 나가 재가 되어버리는 것에 강조점이 있다.

다른 제사들은 하나님께 드리는 희생 제물이기에 성막 안에서 잡아 번제 단에서 드렸다. 그러나 정결 예식은 피가 필요하다. 그래서 진 밖에서 잡아 재만 가지고 들어온다. 그리고 피도 성막 앞에서 뿌린다. 일곱 번 뿌리는데 일곱은 완전 수다.

이 속죄제는 4가지 종류가 있다.

:: 속죄제의 모습

1. 제사장을 위한 속죄제(레위기 4:1-12)
2 이스라엘 온 회중을 위한 속죄제(레위기 4:13-21)

3. 족장을 위한 속죄제(레위기 4:22-26)

4. 평민을 위한 속죄제(레위기 4:27-35)

그 대상이 누구든 모두 신분여하를 막론하고 모든 죄는 반드시 사함을 받아야한다. 하나님은 거룩한 분이시기 때문이다.

"하나님이 이르시되 이리로 가까이 오지 말라 네가 선 곳은 거룩한 땅이니 네 발에서 신을 벗으라"(출애굽기 3:5)

"나는 너희의 하나님이 되려고 너희를 애굽 땅에서 인도하여 낸 여호와라 내가 거룩하니 너희도 거룩할지어다"
(레위기 11:45)

거룩은 카도쉬(שדוק, kadosh)로 '구별됨'을 말한다. 속죄제는 우선 제사장을 위한 속죄제를 제일 먼저 이야기한다. 이는 영적 지도자가 잘못되었다면 그의 백성들도 잘못된 것으로 간주하기 때문이다. 그를 위해서는 흠 없는 수송아지를 드렸다. 가장 값비싸고 가장 값어치가 나가는 제물로 피의 제사를 드려야한다. 같은 죄를 지었다고 해도 성직자의 죄는 더 큰 대가가 있다. 성직자나 찬양 사역자나 교회의 중추적 일을 감당할수록 그의 죄의 대가는 더 크다. 성경은 특별히 지도자의 언행을 많이 언급한다.

"우리가 다 실수가 많으니 만일 말에 실수가 없는 자라면 곧 온전한 사람이라 능히 온 몸도 굴레 씌우리라"
(야고보서 3:2)

말로만 실수하지 않아도 온전한 자가 될 수 있다. 그래서 우리가 평신도보다 집사의 직책이 더 무겁고, 죄의 값도 더 큰 것이다. 집사보다 권사나 안수집사의 죄의 대가가 더 크고, 권사나 안수 집사보다 장로의 죄의 대가가 더 크고, 성직자의 죄 값은 이보다 더 크다. 이것에는 가장 값비싼 속죄의 희생이 있어야한다. 레위기 4장 4-12절에 보면 '제사장을 위한 속죄제'가 자세히 나와 있다. 번제와 매우 흡사하며 제사장이 손가락에 피를 찍어 여호와 앞 곧 성소 장 앞에 일곱 번 뿌릴 것이라 했다. 여기서 일곱 번 하라고 한 것은 온전히 하라는 의미다.

"만일 우리가 우리 죄를 자백하면 그는 미쁘시고 의로우사 우리 죄를 사하시며 우리를 모든 불의에서 깨끗하게 하실 것이요"(요한일서 1:9)

속죄는 죄를 자백함으로 시작한다. 피를 제단의 바닥에 뿌리는 것은 우리 죄를 완전히 제거하는 것을 의미한다. 내가 죽어야하는데 흠없는 소가 대신 희생을 한 것이다. 값비싼 대가를 치러야만 하는 것이다. 그리고 주님은 우리 죄를 다시는 기억치도 않는다. 그렇게 함으로 하나님과의 관계가 회복되고, 이웃과의 관계가 회복된다. 이 제물은 다른 제사와 달리 진 밖에 재를 버리는 곳에서 태웠다. 이것은 또한 예수 그리스도의 희생을 상징한다.

"우리에게 제단이 있는데 장막에서 섬기는 자들은 그 제단에서 먹을 권한이 없나니 이는 죄를 위한 짐승의 피는 대제사장이 가지고 성소에 들어가고 그 육체는 영문 밖에서 불사름이라 그러므로 예수도 자기 피로써 백성을 거룩하게 하려고 성문 밖에서 고난을 받으셨느니라 그런즉 우리도 그의 치욕을 짊어지고 영문 밖으로 그에게 나아가자 우리가 여기에는 영구한 도성이 없으므로 장차 올 것을 찾나니"(히브리서 13:10-14)

:: 속죄제의 의미

오직 주님의 죽으심으로 우리 죄가 사함을 입을 수 있다. 우리는 태어나면서 죄인이고 하늘에 합당한 자들이 아니지만 그리스도의 피로 우리가 속죄함을 입을 수 있다. 그러므로 그리스도만이 우리를 구속해줄 수 있고 구원해줄 수 있다.

둘째는 온 회중의 죄다. 회중의 죄도 회개치 않으면 죄 값을 받는다. 집단적인 회개가 필요한 것이다. 주님은 나라도 심판하시고, 민족도 심판하신다. 교회가 잘못을 행하면 온 회중이 심판을 받고 죄 값을 받는 것이다. 2000년 전에 예수를 십자가에 못 박은 유대 민족은 '그 피를 우리 자손들에게 받으소서'라는 말을 했다가 그 자손들이 엄청난 피의 대가를 치르고 말았다. 한 민족도 국가도 심판을 받는다.

인도의 성자 '간디'를 쫓아낸 백인 교회의 온 회중이 책망 받을 수 있다. 요한계시록에 보면 하나님이 일곱 교회에 그의 메시지를 보낸다. 그 메시지는 각각의 교회들과 개 교회의 모든 성도들에게 주는 칭찬과 책망임을 기억해야한다. 우리는 우리 자신뿐만 아니라 우리 공동체가 하나님 앞에 죄 없기를 위해서 그리고 사명을 감당하기 위해 기도하고 근신하고 깨어 있어야한다.

셋째는 족장의 죄다. 제사장과 온 회중의 죄를 동일시하며, 한 지역이나 부분을 책임진 지도자의 죄를 말한다. 여기서 그의 희생의 제물은 제사장이나 온 회중보다는 중하지 않지만 개인의 속죄 희생보다는 크다는 것을 알 수가 있다. 따라서 가장의 죄, 구역장의 죄, 속장의 죄, 남녀 선교회장의 죄, 남녀 전도회장의 죄도 개인보다 무겁다.

지도자는 하나님께 기름 부음을 받으며, 하나님께서는 책임을 요구한다. 불행하게도, 오늘날 많은 정치 지도자들이 하나님의 기쁨을 찾지 아니하고 개인의 기쁨을 찾는 데에 문제가 있다. 백성들의 평안과 편리를 추구하지 않고 사사로운 기쁨과 편리를 추구하는 데에 그 문제가 있는 것이다. 그러한 잘못을 저지른 지도자는 수 염소를 드리도록 되어있다.

넷째는 평민을 위한 죄가 있다. 부지중에 하나님의 금령을 어긴 경우를 말한다. 이 경우 암 염소나 암 양을 드린다. 속죄제의 모든 제물은 그리스도의 죽으심과 희생을 말하고 있다.

"우리는 그리스도 안에서 그의 은혜의 풍성함을 따라 그의 피로 말미암아 속량 곧 죄 사함을 받았느니라"(에베소서 1:7)

우리는 예수님의 십자가의 보혈의 공로로 죄 사함을 받았다.

"여호와께서 모세에게 말씀하여 이르시되 아론과 그의 아들들에게 말하여 이르라 속죄제의 규례는 이러하니라 속죄제 제물은 지극히 거룩하니 여호와 앞 번제물을 잡는 곳에서 그 속죄제 제물을 잡을 것이요"(레위기 6:24-25)

"죄를 위하여 제사 드리는 제사장이 그것을 먹되 곧 회막 뜰 거룩한 곳에서 먹을 것이며 그 고기에 접촉하는 모든 자는 거룩할 것이며 그 피가 어떤 옷에든지 묻었으면 묻은 그것을 거룩한 곳에서 빨 것이요"(레위기 6:26-27)

"그 고기를 토기에 삶았으면 그 그릇을 깨뜨릴 것이요 유기에 삶았으면 그 그릇을 닦고 물에 씻을 것이며 제사장인 남자는 모두 그것을 먹을지니 그것은 지극히 거룩하니라 그러나 피를 가지고 회막에 들어가 성소에서 속죄하게 한 속죄제 제물의 고기는 먹지 못할지니 불사를지니라"
(레위기 6:28-30)

"내 하나님이여 내 하나님이여 어찌 나를 버리셨나이까 어찌 나를 멀리 하여 돕지 아니하시오며 내 신음 소리를 듣지 아니하시나이까 내 하나님이여 내가 낮에도 부르짖고 밤에도 잠잠하지 아니하오나 응답하지 아니하시나이다 이스라엘의 찬송 중에 계시는 주여 주는 거룩하시니이다"
(시편 22:1-3)

그리스도는 우리의 죄를 위해 십자가에 달려 죄인이 되셨고 우리를 대신하여 죽으셨고, 그 피의 대가로 우리는 거룩해졌다. 이 속죄제는 죄를 씻기 위한 것이다.

"악인은 그의 길을, 불의한 자는 그의 생각을 버리고 여호와께로 돌아오라 그리하면 그가 긍휼히 여기시리라 우리 하나님께로 돌아오라 그가 너그럽게 용서하시리라 이는 내 생각이 너희의 생각과 다르며 내 길은 너희의 길과 다름이니라 여호와의 말씀이니라 이는 하늘이 땅보다 높음 같이 내 길은 너희의 길보다 높으며 내 생각은 너희의 생각보다 높음이니라"(이사야 55:7-9)

우리는 예수님이 우리를 위해 십자가를 지신 것을 생각해야한다. 그리고 매 순간 죄의 유혹에 빠지지 않고 불의한 생각을 버리고 여호와께로 돌아와야 한다고 말하는 내 양심의 소리에 귀를 기울여야 한다.

"그런즉 우리가 무슨 말을 하리요 은혜를 더하게 하려고 죄에 거하겠느냐 그럴 수 없느니라 죄에 대하여 죽은 우리가 어찌 그 가운데 더 살리요"(로마서 6:1-2)

믿음으로 의롭다 칭함을 받는다는 로마서에서도 우리가 죄 사함을 받고 더 이상 죄 가운데 살 수 없다고 강변하고 있다. '이제는 내가 사는 것이 아니요 내 안에 그리스도께서 사신다'는 고백이 이 속죄제를 통해 고백되는 것이다.

속건제(贖愆祭)

이 속건제는 피해보상 제사를 말한다. '밀양'이라는 영화를 보면 용서에 대해 많은 생각을 하게 된다. 그 영화를 보면서 극중 주인공 '신애'(전도연)는 예수를 믿은 후 자기 아들을 죽인 유괴범을 용서하러 감옥으로 찾아간다. 그런데 고통 속에 괴로워할 줄 알았던 유괴범이 감옥에서 예수를 믿고 너무 평안한 얼굴로 이미 하나님이 자기 죄를 용서해주었다고 이야기한다. 그 순간 '신애'는 분노를 참지 못하고 그동안 자기가 받았던 고통은 무엇인가? 내 아이의 고통은 무엇인가? 내가 피해자인데 나보다 먼저 하나님이 그를 용서했다는 그 사실에 교회를 떠나고 방황하게 한다. 정말 하나님은 아이를 살해한 그 유괴범을 용서했을까? 회개, 죄 사함, 용서를 하나님께 입으로 고백함으로 죄 사함이 되었다고 오해하는 분들이 적지 않다.

일단 용서는 '가해자'와 '피해자' 두 부류로 분리할 수 있다. 그럼 용서는 누구를 위한 것일까? 가해자를 위한 것일까? 아니면 피해자를 위한 것일까? '밀양'이라는 영화에서 '용서'는 가해자를 위한 용서였다. 사실 용서란 피해자를 위한 것이 우선 되어야한다. 물론 가해자 역시 돌봐줘야 될 대상이지만 일차적인 대상은 피해자일 텐데 피해자는 없어지고 오직 가해자에게 집중된 상황이었다.

그 다음, 용서는 반드시 사죄함이 뒤따라야 되는 것인가? 가해자의 뉘우침 없이 용서가 가능한가? 이것은 '피해자' 자신을 위한 것이라면 가능할 것이다. 피해자가 상처와 괴로움에서 해방되기 위해서 '가해자'가 사죄하든 안 하든 상관없이 용서를 하는 것이다. 실제로 위스콘신 대학교 로버트 엔라이트(Robert D. Enright) 교수에 의하면 용서하지 못하는 자들은 스트레스 호르몬인 코티졸이 면역체계에 영향을 주어 스트레스 관련 질병에 걸릴 확률이 높고, 혈관에 쌓인 콜레스테롤로 심장병에 걸릴 확률이 높다고 보고했다. 즉, 용서는 일차적으로 나 자신을 위한 것이다. 내가 정신적으로 육체적으로 건강함을 유지하는데 용서는 필수적이다.

그러나 그 용서가 쌍방적인 화해의 개념이 되기 위해서는 가해자가 반드시 사죄해야 한다. 특별히 가해자가 공동체에게 피해를 준 경우에는 더욱 그렇다. 똑같은 범과를 재발하지 못하게 하기 위한 것이며 잠재적 피해자를 보호하기 위함이다. 삭개오가 그에게 피해 본 자들에게 재산 절반을 나눠주고 토색한 자들에게 사배로 갚겠다고 고백한 것은 구약의 속건제가 구약에 한한 것이 아니다. 예수님 시대뿐 아니라 지금도 이 속건제의 정신과 속건제가 이루어져야함을 말하는 것으로,

∷ 속건제 배상

178 성막, 하나님을 꿈꾸다

이것이야말로 진정으로 용서 받는 자의 모습일 것이다.

이것이 바로 속건제의 정신이며, 속건제는 한마디로 말하면 '배상 제사'다. 피해나 손실을 보상해야 진정한 죄 사함이 된다는 것이다. 그래서 크게 속건제는 첫째 성물에 대한 범죄가 있다. 범과한 성물에 대한 보상은 속건제의 제물은 숫양이며, 자기가 범한 성물의 오분의 일을 더해 제사장에게 드려야한다. 속건제가 제물의 양이나 액수를 중요시하는 것은 배상이 되어야하기 때문이다.

둘째, 계명을 범한 죄가 있다. 이 역시 속건 제물을 드리게 되어 있다. 죄 사함은 말로 하는 것이 아니라 정신적 물질적 피해보상이 동반되어야한다. 마지막으로 타인에게 피해를 준 경우가 있다. 이 역시 취한 것의 오분의 일을 더해 배상해야한다.

사기나 도적질을 통해 남의 것에 피해를 주고 입으로 잘못했다고 하면서 피해자에게 원금 상환과 정신적 물질적 보상을 해 주지 않는다면 이는 일반적인 상식 안에서 세상의 법 안에 있는 자들보다 못한 자다.

:: 번제단

이와 마찬가지로 주님의 것에 손해를 주는 경우도 이와 같다. 한 영혼이 실족하지 않도록 항상 삼가 말과 행동을 주의하고 타인의 마음에 상처가 되지 않도록 해야 하며, 남의 재산과 정신에 피해가 가지 않도록 해야 한다. 결론적으로 속건제는 상대가 있는 것으로 그것이 하나님이 되었든 사람이 되었든 온전한 화해와 하나가 되는 정신에 있다.

누군가를 폭행하고 때리고 미안하다고 하면 끝나는 것이 아니다. 더욱이 기독교인이 그렇게 하면 안 될 것이다. 우리는 자신을 죽여 공동체를 하나 되게 하고, 타인과 하나 되는 공동체를 만들기 위해서 남의 눈치를 보고, 남의 비위를 맞추고, 자기가 손해보고 화합되는 공동체를 만드는 것이 진정한 속건제 제사다.

"아버지여, 아버지께서 내 안에, 내가 아버지 안에 있는 것 같이 그들도 다 하나가 되어 우리 안에 있게 하사 세상으로 아버지께서 나를 보내신 것을 믿게 하옵소서 내게 주신 영광을 내가 그들에게 주었사오니 이는 우리가 하나가 된 것 같이 그들도 하나가 되게 하려 함이니이다 곧 내가 그들 안에 있고 아버지께서 내 안에 계시어 그들로 온전함을 이루어 하나가 되게 하려 함은 아버지께서 나를 보내신 것과 또 나를 사랑하심 같이 그들도 사랑하신 것을 세상으로 알게 하려 함이로소이다"(요한복음 17:21-23)

"빛 가운데 있다 하면서 그 형제를 미워하는 자는 지금까지 어둠에 있는 자요 그의 형제를 사랑하는 자는 빛 가운데 거하여 자기 속에 거리낌이 없으나"(요한일서 2:9-10)

제3부

7대 절기

모세는 시내산에서 십계명을 받았다. 하지만 많은 사람들이 십계명만 받은 줄로 알고 있는데 사실은 '성막 설계도'와 더불어 '율법 613가지'도 함께 받았다. 이 율법 안에 '절기법'과 '제사법'이 있으며, 절기법에는 7대 절기가 있다.

유월절
(逾越節, The Passover)

"하나님이 이르시되 하늘의 궁창에 광명체들이 있어 낮과 밤을 나뉘게 하고 그것들로 징조와 계절과 날과 해를 이루게 하라"(창세기 1:14)

창세기에서 말하는 '징조'가 바로 절기다. 이 절기가 이스라엘 역사가 시작되기 전 이미 정해졌다는 점이 인상적이다. 이 절기에 따라 구약에 특별한 사건이 발생했으며, 구약에 발생했던 그 사건이 다시 신약의 예수의 예언 성취로 이루어졌다.

보통 사건이 있고 절기가 정해지는데 성경의 절기는 먼저 절기가 정해진 특징이 있다. 특정 사건에 따라 절기가 생겼다고 해석한다 해도 그 절기에 따라 예수님의 죽으심과 부활 그리고 성령님의 임재가 임하였기에, 절기와 예수님의 일생을 함께 살펴볼 수 있다. 또한 이와 함께 앞으로의 삶을 유추해볼 수 있으며, 이 절기와 예수님의 일대기가 연결됨으로 절기의 정신과 성경의 깊은 의미를 파악할 수 있다.

유대의 절기는 유월절로 시작하는데 한자어로 뛰어넘을 '유(逾)', 뛰어넘을 '월(越)'을 사용하여 뛰어 넘고 뛰어 넘었다는 뜻이다. 영어로는 '패스 오버(Pass Over)'로 이 역시 '뛰어 넘어 통과했다'는 뜻이다. 이는 이집트에서 이스라엘이 독립한 날을 기념하는 날이다. 한국에는 일본으로부터 독립한 8.15 광복절이 있다. 미국에는 영국으로부터 독립한 7.4 독립기념일이 있다.

유월절 제정은 앞서 언급했듯이 첫째, 하나님이 직접 제정하셨고, 둘째, 사건과 절기의 순서가 바뀌어 있다. '절기'라는 것은 히브리어 원어로 "하그(Hag)"로 '춤춘다'는 축제의 뜻이다. 또는 "모에드(Moed)"로 '특별하게 정해진 시간'을 말한다. 성경에는 모든 것이 짝이 있는데 유월절이 주는 상징의 뜻은 이집트에서 종살이 하던 이스라엘 집 문설주에 어린양의 피를 바른 이스라엘 민족이 구원받은 사건이다. 신약과 짝이 되어 예수님은 유월절 날 십자가에 달려 죽으심으로 희생양이 되셔서 우리를 구원하셨던 것이다.

"너희가 성경에서 영생을 얻는 줄 생각하고 성경을 연구하거니와 이 성경이 곧 내게 대하여 증언하는 것이니라"
(요한복음 5:39)

"모세를 믿었더라면 또 나를 믿었으리니 이는 그가 내게 대하여 기록하였음이라"(요한복음 5:46)

"우리는 모세가 이스라엘 자손들에게 장차 없어질 것의 결국을 주목하지 못하게 하려고 수건을 그 얼굴에 쓴 것 같이 아니하노라 그러나 그들의 마음이 완고하여 오늘까지도 구약을 읽을 때에 그 수건이 벗겨지지 아니하고 있으니 그 수건은 그리스도 안에서 없어질 것이라 오늘까지 모세의 글을 읽을 때에 수건이 그 마음을 덮었도다 그러나 언제든지 주께로 돌아가면 그 수건이 벗겨지리라 주는 영이시니 주의 영이 계신 곳에는 자유가 있느니라 우리가 다 수건을 벗은 얼굴로 거울을 보는 것 같이 주의 영광을 보매 그와 같은 형상으로 변화하여 영광에서 영광에 이르니 곧 주의 영으로 말미암음이니라"(고린도후서 3:13-18)

따라서 구약에 대한 해석을 예수로 하면 수건이 없어지는 것이다. 유월절은 그 달이 음력 1월 14일 이다. 즉, 유월절이 정월이 되는데 히브리어로 '아빕(בִיבאָ, Abib)' 월이라고 부른다. 한국 음력과 한 달 차이가 나니 한국은 음력 2월이 된다. 이 때는 보리 추수 직전이며 '보리의 줄기가 튼튼해지고 보리알이 한창 익어가는 시기가 된다.

"여호와께서 애굽 땅에서 모세와 아론에게 일러 말씀하시되 이 달을 너희에게 달의 시작 곧 해의 첫 달이 되게 하고 너희는 이스라엘 온 회중에게 말하여 이르라 이 달 열흘에 너희 각자가 어린 양을 잡을지니 각 가족대로 그 식구를 위하여 어린 양을 취하되 그 어린 양에 대하여 식구가 너무

적으면 그 집의 이웃과 함께 사람 수를 따라서 하나를 잡고 각 사람이 먹을 수 있는 분량에 따라서 너희 어린 양을 계산할 것이며 너희 어린 양은 흠 없고 일 년 된 수컷으로 하되 양이나 염소 중에서 취하고 이 달 열나흗날까지 간직하였다가 해 질 때에 이스라엘 회중이 그 양을 잡고 그 피를 양을 먹을 집 좌우 문설주와 인방에 바르고 그 밤에 그 고기를 불에 구워 무교병과 쓴 나물과 아울러 먹되 날것으로나 물에 삶아서 먹지 말고 머리와 다리와 내장을 다 불에 구워 먹고 아침까지 남겨두지 말며 아침까지 남은 것은 곧 불사르라 너희는 그것을 이렇게 먹을지니 허리에 띠를 띠고 발에 신을 신고 손에 지팡이를 잡고 급히 먹으라 이것이 여호와의 유월절이니라 내가 그 밤에 애굽 땅에 두루 다니며 사람이나 짐승을 막론하고 애굽 땅에 있는 모든 처음 난 것을 다 치고 애굽의 모든 신을 내가 심판하리라 나는 여호와라 내가 애굽 땅을 칠 때에 그 피가 너희가 사는 집에 있어서 너희를 위하여 표적이 될지라 내가 피를 볼 때에 너희를 넘어가리니 재앙이 너희에게 내려 멸하지 아니하리라 너희는 이 날을 기념하여 여호와의 절기를 삼아 영원한 규례로 대대로 지킬지니라"(출애굽기 12:1-14)

유월절 제사에는 제물이 있어야한다. 여호와 앞에 나올 때 공수(빈손)로 나오지 말라고 하셨다. 우리가 제사 지낼 때 정한수, 냉수라도 가지고 오는 것이다. 그리고 그 제물은 각 사람의 수효를 따라 계산

되니 남편을 위한 속죄양과 아내를 위한 속죄양이 따로 계산 되었다.

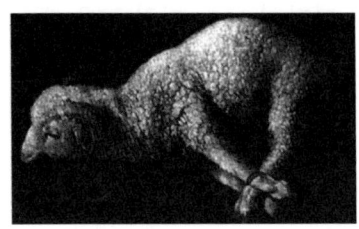
:: 유월절 어린양

유월절은 어리고 정결하고 흠 없는 양이 죽음으로 구원을 받는 사건이었다. 그래서 유월절에 빗대어 예수님을 유월절의 어린양이라고 한 것이다.

"이튿날 요한이 예수께서 자기에게 나아오심을 보고 이르되 보라 세상 죄를 지고 가는 하나님의 어린 양이로다"
(요한복음 1:29)

"또 이튿날 요한이 자기 제자 중 두 사람과 함께 섰다가 예수께서 거니심을 보고 말하되 보라 하나님의 어린 양이로다"(요한복음 1:35-36)

"너희는 누룩 없는 자인데 새 덩어리가 되기 위하여 묵은 누룩을 내버리라 우리의 유월절 양 곧 그리스도께서 희생되셨느니라"(고린도전서 5:7)

예수님은 유월절 양으로 죽으셨다. 그러므로 유월절은 예수님이 그날에 죽으셨기에 예수의 죽음을 상징한다. 반면 무교절은 예수님이 무덤에 계셨던 날이다. 좀 더 자세하게 말한다면 옥에 가서 전도한 날이 되고, 초실절은 첫 열매를 드리는 날인데 그 날에 예수님이 부활하셨으니 예수님이 죽은 자의 첫 열매 첫 부활한자가 되는 것을 기념하는 부활절이 되는 것이다. 그 이후 오십일이 지나 오순절이라고도 하고 맥추절이라고도 하는 보리 추수 감사절에 성령이 임했으니 그 날을 오순절 성령 강림절이라고 한다. 주님은 나팔 불며 오시겠다고 하셨으니 나팔절은 주님의 재림의 시기요, 초막절은 이스라엘에서 나와 초막에 지냈던 것을 기념하며 감사하는 절기로 우리가 앞으로 지낼 영원한 장막을 기다림으로 장막절을 또한 기다리는 것이다.

유월절에 예수님이 죽으셨는데, 그의 죽음에 대해서 좀 더 자세히 살펴보면 예수님이 제자들과 마지막 만찬을 한 것은 사실 유월절 만찬이며, 최초의 기독교 성찬이 된다. 유월절 식탁은 첫째, 두 촛대를 준비한다. 이는 신약과 구약 성경 말씀의 빛을 상징한다. 둘째, 네 잔의 포도주를 준비한다. 네 잔은 출애굽 당시 그 민족을 구원한 주님을 기념한다.

"그러므로 이스라엘 자손에게 말하기를 나는 여호와라 내가 애굽 사람의 무거운 짐 밑에서 1. 너희를 빼어내며 그 고역에서 2. 너희를 건지며 편 팔과 큰 재앙으로 3. 너희를 구속하여 너희로 4. 내 백성을 삼고 나는 너희 하나님이 되리니 나는 애굽 사람의 무거운 짐 밑에서 너희를 빼어 낸 너희 하나님 여호와인 줄 너희가 알지라"(출애굽기 6:6-7, 숫자는 포도주 잔을 표시한다)

그리고 마지막 5번째 잔은 엘리야의 잔으로 엘리야가 다시오면 마실 잔으로 준비해 놓는다. 예수님은 세례 요한이 엘리야라고 말씀하셨다.

:: 유월절 마짜

유월절에는 양고기, 포도주에 이어 쓴 나물을 준비하는데 이는 노예생활의 쓴 맛을 회상하며 이집트에서 노예 생활하며 종살이했던 것을 상기한다. 무교병은 누룩 없는 빵으로 이스트가 없는 것으로 세 덩어리를 준비한다. 그리고 가운데 마짜를 반으로 자른다. 반으로 자른 것 중 하나는 세마포로 감싼 다음 감춘다. 이 숨겨진 무교병을 찾는 자녀에게 약간의 용돈으로 보상한다. 이 무교병은 반드시 구멍이 뚫려 있어야한다. 그리고 불에 그슬린 상처가 있는데 이는 예수님의 십자가상에 있었던 두 명의 강도와 더불어 세 개의 십자가를 상기시키고 가운데 마짜는 그의 몸을 상징한다.

"그가 찔림은 우리의 허물 때문이요 그가 상함은 우리의 죄악 때문이라 그가 징계를 받으므로 우리는 평화를 누리고 그가 채찍에 맞으므로 우리는 나음을 받았도다"

(이사야 53:5)

예수님이 십자가에 죽으신 이후 요셉이 시체를 가져다가 세마포에 쌌다.

"요셉이 시체를 가져다가 깨끗한 세마포로 싸서"

(마태복음 27:59)

그리고 사라진 그를 찾는 자에게 구원의 보상이 주어졌다. 삶은 달걀도 유월절 만찬에 올리는데 이는 우리 민족은 시련이 올수록 강해진다는 것을 뜻하는 것으로 후대에 첨가시켰다고 한다. '카로셋'이라는 눈물 나게 매운 쨈도 후대에 첨가 되었다고 하는데, 이는 애굽에서 호된 노역을 하면서 흘린 눈물을 기억하게 한다. 예수님은 가룟 유다에게 이 쨈을 찍어 주셨다. 소금물도 후대에 첨가되었다. 이 소금물은 첫째 조상들이 흘렸던 눈물을 기억하게 하며, 둘째, 조상들이 흘렸던 땀방울을 상기하며, 마지막으로 홍해 바다에서 구원받았음을 기억하게 한다.

이스라엘 백성이 2000년간 나라 없이 지냈지만 이런 절기를 몸으로 체험하면서 2000년 동안 민족의 정체성을 지켜왔다. 이것은 미국에서 한인들이 다음 세대로 넘어가면 바로 언어도 잃어버리고 한민족의 국경일도 역사도 정체성도 잃어버리는 것에 비하면 대단한 것이라 할 수 있다.

이 유월절 양은 뼈를 꺾으면 안 되는데 이것은 메시야의 뼈가 꺾이지 않을 것을 예표 한다.

"한 집에서 먹되 그 고기를 조금도 집 밖으로 내지 말고 뼈도 꺾지 말지며"(출애굽기 12:46)

"아침까지 그것을 조금도 남겨두지 말며 그 뼈를 하나도 꺾지 말아서 유월절 모든 율례대로 지킬 것이니라"
(민수기 9:12)

"군인들이 가서 예수와 함께 못 박힌 첫째 사람과 또 그 다른 사람의 다리를 꺾고 예수께 이르러서는 이미 죽으신 것을 보고 다리를 꺾지 아니하고 그 중 한 군인이 창으로 옆구리를 찌르니 곧 피와 물이 나오더라 이를 본 자가 증언하였으니 그 증언이 참이라 그가 자기의 말하는 것이 참인 줄 알고 너희로 믿게 하려 함이니라 이 일이 일어난 것은 그 뼈가 하나도 꺾이지 아니하리라 한 성경을 응하게 하려 함이라"(요한복음 19:32-36)

하나님의 언약은 반드시 그가 예언한 대로 이루어진다.

무교절
(無酵節, The Feasts of Unleavened Bread)

무교절은 유월절과 같이 표현되기도 하고 반대로 무교절로 합해 부르기도 한다.

"너는 무교병의 절기를 지키라 내가 네게 명령한 대로 아빕월의 정한 때에 이레 동안 무교병을 먹을지니 이는 그 달에 네가 애굽에서 나왔음이라 빈 손으로 내 앞에 나오지 말지니라"(출애굽기 23:15)

이것은 유월절과 무교절을 함께 연속선상에서 지켰기 때문이다. 그러나 절기를 지킬 때는 순서에 따라 지켰고 구체적으로 설명할 때는 위의 두 절기를 상세하게 구별하여 기록했다(레위기 23장). 또한 영적으로도 유월절과 무교절이 주는 의미와 기독론적 사건이 전혀 다르다. 이스라엘 사람들이 먹는 마짜라는 떡이 이들의 주식인데 이 주식에는 누룩이 들어간다. 그런데 무교절에는 누룩을 넣지 않고 떡을 만들어 먹는다.

또 성경에 이 절기의 기간이 칠일인데 그 기간에 누룩을 제하고, 누룩 없는 음식을 먹으며 첫날에(15일) 성회로 모이고, 제 칠일에 다시 성회로 모인다. 이 일주일간 아무 노동도 않고, 하나님께 화제로 드린다.

"여호와께서 모세에게 말씀하여 이르시되 이스라엘 자손에게 말하여 이르라 이것이 나의 절기들이니 너희가 성회로 공포할 여호와의 절기들이니라 엿새 동안은 일할 것이요 일곱째 날은 쉴 안식일이니 성회의 날이라 너희는 아무 일도 하지 말라 이는 너희가 거주하는 각처에서 지킬 여호와의 안식일이니라 이것이 너희가 그 정한 때에 성회로 공포할 여호와의 절기들이니라 첫째 달 열나흗날 저녁은 여호와의 유월절이요 이 달 열닷샛날은 여호와의 무교절이니 이레 동안 너희는 무교병을 먹을 것이요 그 첫 날에는 너희가 성회로 모이고 아무 노동도 하지 말지며 너희는 이레 동안 여호와께 화제를 드릴 것이요 일곱째 날에도 성회로 모이고 아무 노동도 하지 말지니라"(레위기 23:1-8)

이 절기는 무교병을 먹는 것을 계기로 무교절이 되었는데 성경에는 무교병이란 말이 창세기에 먼저 나온다. 첫째, 소돔과 고모라가 죄악으로 망하기 전날 밤 롯의 집에 찾아간 하나님의 사자들과 롯이 나눈 떡이 무교병이다.

"롯이 간청하매 그제서야 돌이켜 그 집으로 들어오는지라 롯이 그들을 위하여 식탁을 베풀고 무교병을 구우니 그들이 먹으니라"(창세기 19:3)

그 예식 후에 천사들에 의하여 롯의 식구들이 구원받는다. 이 무교병을 기점으로 죽음과 멸망을 면하고 생명을 얻게 된다. 둘째, 이스라엘 백성이 애굽에서 나오기 전날 밤 양의 피를 문설주에 바르고 그 고기를 구어 먹는 그 밤에 무교병을 먹었다.

"그 밤에 그 고기를 불에 구워 무교병과 쓴 나물과 아울러 먹되"(출애굽기 12:8)

애굽인에게는 하나님의 재앙인 죽음이 임하고 이스라엘에게는 생명과 자유를 얻는 고귀한 시간이다. 전자는 한 가정이 구원을 얻고, 후자는 한 민족이 구원을 얻게 된 것이다. 근본 원리는 같다. 하나님의 진노와 재앙으로 인해 모두가 멸망 받을 때에 하나님의 백성들은 하나님의 사랑과 은혜로 생명을 얻고 구원과 자유를 얻게 된다.
이 무교절은 첫째 하나님이 명하신 절기다.

"이레 동안 무교병을 먹고 일곱째 날에는 여호와께 절기를 지키라"(출애굽기 13:6)

"너는 무교병의 절기를 지키라 내가 네게 명령한 대로 아빕월의 정한 때에 이레 동안 무교병을 먹을지니 이는 그 달에 네가 애굽에서 나왔음이라 빈 손으로 내 앞에 나오지 말지니라"(출애굽기 23:15)

둘째, 모세가 공포했다.

"그 밤에 그 고기를 불에 구워 무교병과 쓴 나물과 아울러 먹되"(출 12:8)

"너희는 이레 동안 무교병을 먹을지니 그 첫날에 누룩을 너희 집에서 제하라 무릇 첫날부터 일곱째 날까지 유교병을 먹는 자는 이스라엘에서 끊어지리라"(출 12:15)

"너희는 무교절을 지키라 이 날에 내가 너희 군대를 애굽 땅에서 인도하여 내었음이니라 그러므로 너희가 영원한 규례로 삼아 대대로 이 날을 지킬지니라 첫째 달 그 달 열나흗날 저녁부터 이십일일 저녁까지 너희는 무교병을 먹을 것이요"(출 12:17-18)

"너희는 아무 유교물이든지 먹지 말고 너희 모든 유하는 곳에서 무교병을 먹을지니라"(출 12:20)

"밤중에 여호와께서 애굽 땅에서 모든 처음 난 것 곧 왕위

에 앉은 바로의 장자로부터 옥에 갇힌 사람의 장자까지와 가축의 처음 난 것을 다 치시매"(출 12:29)

셋째, 이스라엘이 철저히 지켰다.
넷째, 예수님도 지켰다.

"무교절의 첫날에 제자들이 예수께 나아와서 이르되 유월절 음식 잡수실 것을 우리가 어디서 준비하기를 원하시나이까"(마태복음 26:17)

"무교절의 첫날 곧 유월절 양 잡는 날에 제자들이 예수께 여짜오되 우리가 어디로 가서 선생님께서 유월절 음식을 잡수시게 준비하기를 원하시나이까 하매"(마가복음 14:12)

다섯째, 사도들도 지켰다.

"유대인들이 이 일을 기뻐하는 것을 보고 베드로도 잡으려 할새 때는 무교절 기간이라"(사도행전 12:3)

"우리는 무교절 후에 빌립보에서 배로 떠나 닷새 만에 드로아에 있는 그들에게 가서 이레를 머무니라"(사도행전 20:6)

무교절은 지금도 계속 지킨다. 무교절은 1월 15일부터 시작되며 그 절기가 유월절의 계속이라고 할 수 있다. 유월절은 무교절을 포함하여 무교절로 총칭되기도 한다.

"너는 엿새 동안에 네 일을 하고 일곱째 날에는 쉬라 네 소와 나귀가 쉴 것이며 네 여종의 자식과 나그네가 숨을 돌리리라 내가 네게 이른 모든 일을 삼가 지키고 다른 신들의 이름은 부르지도 말며 네 입에서 들리게도 하지 말지니라 너는 매년 세 번 내게 절기를 지킬지니라 너는 무교병의 절기를 지키라 내가 네게 명령한 대로 아빕월의 정한 때에 이레 동안 무교병을 먹을지니 이는 그 달에 네가 애굽에서 나왔음이라 빈 손으로 내 앞에 나오지 말지니라 .맥추절을 지키라 이는 네가 수고하여 밭에 뿌린 것의 첫 열매를 거둠이니라 수장절을 지키라 이는 네가 수고하여 이룬 것을 연말에 밭에서부터 거두어 저장함이니라 네 모든 남자는 매년 세 번씩 주 여호와께 보일지니라 너는 네 제물의 피를 유교병과 함께 드리지 말며 내 절기 제물의 기름을 아침까지 남겨두지 말지니라 네 토지에서 처음 거둔 열매의 가장 좋은 것을 가져다가 너의 하나님 여호와의 전에 드릴지니라 너는 염소 새끼를 그 어미의 젖으로 삶지 말지니라"

(출애굽기 23:12-19)

"너는 무교절을 지키되 내가 네게 명령한 대로 아빕월 그 절기에 이레 동안 무교병을 먹으라 이는 네가 아빕월에 애

굽에서 나왔음이니라"(출애굽기 34:18)

그러나 세심하게 들어가면 양자는 별개로 구분된다. 무교절은 일주일간 계속된다. 이 일주일 간 누룩이 집에 없게 해야 한다.

"이레 동안은 누룩이 너희 집에서 발견되지 아니하도록 하라 무릇 유교물을 먹는 자는 타국인이든지 본국에서 난 자든지를 막론하고 이스라엘 회중에서 끊어지리니"
(출애굽기 12:19)

"아침까지 남겨두지 말며 아침까지 남은 것은 곧 불사르라"(출애굽기 12:10)

이스라엘의 집안 구석을 다 뒤지고 소파 뒤, 냉장고 뒤 등, 이 때 집안 전체를 청소하고 가구들을 많이 교체한다. 이스라엘의 유학생들은 이때 가구들을 많이 구입하거나 얻는다고 한다. 그래서 이 무교절에 유교 병을 먹으면 이스라엘에서 끊어진다는 믿음을 가지고 있다.

"너희는 이레 동안 무교병을 먹을지니 그 첫날에 누룩을 너희 집에서 제하라 무릇 첫날부터 일곱째 날까지 유교병을 먹는 자는 이스라엘에서 끊어지리라"(출애굽기 12:15)

또한 하나님으로부터 버림받는다는 것이다. 무교절 칠일 동안에는 노동을 하지 못한다. 첫 날과 제 칠일에 노동이 금지되어 있다.

"너희에게 첫날에도 성회요 일곱째 날에도 성회가 되리니 너희는 이 두 날에는 아무 일도 하지 말고 각자의 먹을 것만 갖출 것이니라"(출애굽기 12:16)

"그 첫 날에는 너희가 성회로 모이고 아무 노동도 하지 말지며 너희는 이레 동안 여호와께 화제를 드릴 것이요 일곱째 날에도 성회로 모이고 아무 노동도 하지 말지니라"(레위기 23:7-8)

"그 첫날에는 성회로 모일 것이요 아무 일도 하지 말 것이며"(민수기 28:18)

"일곱째 날에는 성회로 모일 것이요 아무 일도 하지 말 것이니라(민수기 28:25)

이 날은 오직 하나님과만 교제하기 위함이며 이날 노동을 하면 우리 마음과 생각이 분산되고, 참된 성회를 가지기 어렵기 때문이다. 반대로 무교절에 해야 할 것이 있는데 첫째, 성회로 모인다.

"그 첫 날에는 너희가 성회로 모이고 아무 노동도 하지 말지며 너희는 이레 동안 여호와께 화제를 드릴 것이요 일곱째 날에도 성회로 모이고 아무 노동도 하지 말지니라"
(레위기 23:7-8)

"너희에게 첫날에도 성회요 일곱째 날에도 성회가 되리니 너희는 이 두 날에는 아무 일도 하지 말고 각자의 먹을 것만 갖출 것이니라"(출애굽기 12:16)

성회는 첫 날과 제 칠일에 모였다. 성회로 모일 때 수송아지를 화제로 드려 번제가 되게 하고, 소제로 고운 가루를 기름에 섞어 드리고 또 속죄제를 드린다. 이 성회 때 3대 제사 번제, 소제, 속죄제를 드린다.

"수송아지 두 마리와 숫양 한 마리와 일 년 된 숫양 일곱 마리를 다 흠 없는 것으로 여호와께 화제를 드려 번제가 되게 할 것이며 그 소제로는 고운 가루에 기름을 섞어서 쓰되 수송아지 한 마리에는 십분의 삼이요 숫양 한 마리에는 십분의 이를 드리고 어린 양 일곱에는 어린 양 한 마리마다 십분의 일을 드릴 것이며 또 너희를 속죄하기 위하여 숫염소 한 마리로 속죄제를 드리되 아침의 번제 곧 상번제 외에 그것들을 드릴 것이니라"(민수기 28:19-23)

둘째, 무교병만 있게 한다. 순수한 곡식만 가지고 정결한 음식을 만들어 먹으며 성회를 지킨다. 이 무교병은 고통의 떡이다. 이스라엘에서 양의 죽음으로 재앙을 면하고, 또 애굽에서 구원을 받아 급히 나온 것을 기념하는 것이다.

"유교병을 그것과 함께 먹지 말고 이레 동안은 무교병 곧 고난의 떡을 그것과 함께 먹으라 이는 네가 애굽 땅에서 급히 나왔음이니 이같이 행하여 네 평생에 항상 네가 애굽 땅에서 나온 날을 기억할 것이니라"(신명기 16:3)

이 날은 고난의 날로 함께 구원을 기념하는 날이다.

셋째, 일하는 날이다(레위기 23:78).

"너희에게 첫날에도 성회요 일곱째 날에도 성회가 되리니 너희는 이 두 날에는 아무 일도 하지 말고 각자의 먹을 것만 갖출 것이니라"(출애굽기 12:16)

무교절 첫째 날과 제 칠일을 제외하고 일을 하게 되어 있다. 둘째 날부터 여섯 번째 날까지 일을 해야 한다. 예수님은 유월절에 돌아가시고 무교절에 무덤에 묻히셨다. 무교절은 유월절 다음 날인데 예수님이 유월절 날 십자가에 달려 돌아가시고 그 다음날 무교절에 그 육은 무덤에 있었고 그 영은 옥에 계셨다.

"그가 또한 영으로 가서 옥에 있는 영들에게 선포하시니라"(베드로전서 3:19)

예수님은 영으로 옥에 가서 말씀을 전하셨다.

초실절
(初實節, The Feasts of First Fruit)

초실절은 안식일 다음 날 첫 열매를 드리기 때문에 '초실절'이라고 한다. 하나님께 첫 것을 드리고 시작하는 것이다. 첫 것은 전체를 대표한다는 뜻으로 사실은 전체를 드리는 것이며, 이것은 십일조와 같은 의미다. 그래서 십일조는 십분의 일이 아니라 전체를 대표하는 것으로 첫 것을 드리는 것이다. 그래서 쓰고 남은 것을 드리는 것이 아니라 쓰기 전에 먼저 제일 귀한 것으로 드리는 것이다.

그러므로 주일은 첫날이 된다.

"이스라엘 자손에게 말하여 이르라 너희는 내가 너희에게 주는 땅에 들어가서 너희의 곡물을 거둘 때에 너희의 곡물의 첫 이삭 한 단을 제사장에게로 가져갈 것이요 제사장은 너희를 위하여 그 단을 여호와 앞에 기쁘게 받으심이 되도록 흔들되 안식일 이튿날에 흔들 것이며"(레위기 23:10-11)

"너는 첫 이삭의 소제를 여호와께 드리거든 첫 이삭을 볶아 찧은 것으로 네 소제를 삼되 그 위에 기름을 붓고 그 위에 유향을 더할지니 이는 소제니라"(레위기 2:14-15)

이것이 신약에 와서 예수님이 우리의 첫 열매가 되셨다. 그는 부활의 첫 열매가 되어서 그를 따르는 모든 자들이 부활의 영광에 참여하게 되었다.

"그러나 이제 그리스도께서 죽은 자 가운데서 다시 살아나 사 잠자는 자들의 첫 열매가 되셨도다"(고린도전서 15:20)

"그러나 각각 자기 차례대로 되리니 먼저는 첫 열매인 그리스도요 다음에는 그가 강림하실 때에 그리스도에게 속한 자요"(고린도전서 15:23)

악인도 부활하는데 그들은 생명의 부활이 아니라 두 번째 사망에 거하게 된다.

"그들이 기다리는 바 하나님께 향한 소망을 나도 가졌으니 곧 의인과 악인의 부활이 있으리라 함이니이다"
(사도행전 24:15)

우리는 이 날을 기념하기 위해서 주일을 성수한다.

"만일 여호수아가 그들에게 안식을 주었더라면 그 후에 다른 날을 말씀하지 아니하셨으리라"(히브리서 4:8)

"그 주간의 첫날에 우리가 떡을 떼려 하여 모였더니 바울이 이튿날 떠나고자 하여 그들에게 강론할새 말을 밤중까지 계속하매"(사도행전 20:7)

"매주 첫날에 너희 각 사람이 수입에 따라 모아 두어서 내가 갈 때에 연보를 하지 않게 하라"(고린도전서 16:2)

"이 날 곧 안식 후 첫날 저녁 때에 제자들이 유대인들을 두려워하여 모인 곳의 문들을 닫았더니 예수께서 오사 가운데 서서 이르시되 너희에게 평강이 있을지어다"

(요한복음 20:19)

예수님이 부활하신 날이 주일이고 주일은 기쁜 날이고 첫 것을 하나님께 드리는 날이다.

맥추절
(麥秋節, The Feast of Harvest)

맥추절은 '칠칠절' 또는 '오순절'이라고도 한다. 초실절과 마찬가지로 첫 열매를 드리는 절기다. 초실절은 이스라엘의 모든 곡식들에 대한 감사로 이스라엘 공동체를 대표해 드리는 절기임에 반해, 맥추절은 첫 열매지만 자신의 밭에서 거둔 개인의 첫 열매를 드리는 절기다. 나는 새로운 교회나 임지에 부임하면 개인적인 첫 열매로 사례비 전체를 드린다. 내가 섬기는 교회도 집단적으로 공동체의 첫 열매를 드리기 위해서 전체 결산의 십의 일조를 먼저 선교비로 책정하고 공동체 전체의 첫 열매의 감사 정신을 나누려고 한다.

"안식일 이튿날 곧 너희가 요제로 곡식단을 가져온 날부터 세어서 일곱 안식일의 수효를 채우고"(레위기 23:15)

유월절 안식일 이후 오십일을 계수하여 새 소제를 드린다 해서 맥추절을 '오순절'이라고도 한다. 오순절은 희랍어로 펜타코스테

(Pentecoste), '오십 번째'를 말한다. 초실절부터 시작해 칠 주간의 오메르 계수를 마무리한 이튿날, 즉 오메르 계수 오십 번째 되는 날이 오순절이다. 오순절은 칠 주 계수의 마지막 날인 칠칠절과 연결되어 있기 때문에 흔히 같은 절기로 인식되지만, 엄밀하게 구별하면 49일째가 '칠칠절'이고 50일째가 '오순절'이다. 오순절이 되면 성전에서 새로운 소제를 바쳤는데, 일반적인 소제와 다른 것은 '누룩을 넣는다'는 것이다.

"일곱 안식일 이튿날까지 합하여 오십 일을 계수하여 새 소제를 여호와께 드리되 너희의 처소에서 십분의 이 에바로 만든 떡 두 개를 가져다가 흔들지니 이는 고운 가루에 누룩을 넣어서 구운 것이요 이는 첫 요제로 여호와께 드리는 것이며"(레위기 23:16,17)

성전에 바쳐지는 소제(meal offering) 가운데 유일하게 '누룩이 들어간' 소제는 오순절에 드리는 '새 소제'뿐이다. 누룩이 들어간 '새 소제'에 담긴 영적인 의미는 무엇일까? 집에서 누룩이 없는 보리 빵을 먹는 무교절과 성전에서 누룩이 들어간 밀가루 소제로 밀 빵을 만들어 제사장이 먹는 오순절은 서로 밀접한 관련을 갖는다.

보리를 추수하기 시작하는 한 해 농사의 초기에 있는 무교절에는 옛것을 버리고 새롭게 시작하는 혁신의 표징으로 누룩을 제거한 무교병을 먹는다. 그러나 밀 수확이 끝나고 곡식 추수의 마지막 단계에 있는 오순절에는 누룩을 넣은 유교병을 먹는다.

동물 사료로 주로 사용되며 가난한 자들의 식량이었던 보리와 달리, 밀은 젖과 꿀이 흐르는 가나안 농부들의 일상적인 양식이었다. 누룩이 없는 보리 빵(무교병)을 먹는 고통의 때를 벗어나 추수가 완결된 오순절에는 누룩이 들어간 밀 빵, 즉 정상적인 일용할 양식을 먹음으로써 일상적인 삶으로 복귀한다는 의미가 있다.

이것은 새해가 시작되기 전, 새로운 시작을 위한 영적인 결단을 위해 금식을 한 후, 이를 마치고 나면 일상적인 삶을 위해 밥을 먹어야하는 것과 마찬가지다. 그런 면에서 오순절은 무교절의 종결 집회에 해당한다. 따라서 오순절은 새로운 시작, 새로운 시대, 새 언약으로의 갱신을 의미한다. 누룩이 들어간 새 소제를 바치는 오순절의 제사는 누룩이 들어가지 않은 보리빵을 먹는 무교절과 관련지어 생각해야 한다. 한 해 '농사 사이클(agricultural cycle)'의 시작점은 보리 추수로 시작된다. 이 절기가 바로 무교절이며 무교절로 시작되는 농사 사이클은 밀 추수가 끝나는 오순절에 이르면서 일단락의 종지부를 찍고 새로운 시작을 준비하게 된다.

즉, 밀과 보리의 '곡식' 추수를 마무리하고, 포도 부터 시작해 무화과, 석류, 올리브, 대추야자로 이어지는 '여름 과실'의 추수를 대비해야 하는 때가 오순절이다. 한 해 농사 사이클에서 오순절이 차지하는 위치는 바로 '곡식 추수'에서 '여름 과실 추수'로 넘어가는 과도기다. 이러한 오순절의 성격을 잘 보여주는 행사가 유대 문헌인 미쉬나에 기록되어 있다.

"오순절이 되면 이스라엘 농부들은 석류와 포도밭에 가서 갈대로 만든 리본으로 가지들을 묶는다. 그리고는 '이것이 첫 열매다'라고 힘차게 외친다."

이스라엘에서 8월이 되어야 열매를 맺는 포도와 석류를 추수할 수 있는데 오순절(6월경)에 아직 열매가 익지도 않은 가지를 묶어 놓고 '첫 열매'라고 선포하는 것은 어찌 보면 우스꽝스런 행동처럼 보인다. 사람으로 말하면 허풍이 심하고, 과장이 심하다고 볼 수 있지만 이것은 믿음과 신앙의 고백인 것이다. 마치 어린아이들이 몹시 갖고 싶지만 아직 자기 몫으로 떨어지지 않은 어떤 물건에 침을 바르며 '이거 내거'라고 외치며 '찜'해 두는 것과 비슷하다.

즉, 오순절에 아직 익지는 않았지만 여름 과실의 가지를 묶고 '첫 열매'라고 외치는 행사는 이후에 맺혀질 여름 과실에 대한 기대와 소망을 담고 있다. 즉 보리와 밀의 곡식 추수를 성공적으로 마무리하고, 여름 과일 추수로 이어지는 새로운 시기, 새로운 시대를 준비하는 때가 바로 오순절이다.

이 오순절에는 시내산에서 십계명, 율법, 성막설계도를 받았다.

"이스라엘 자손이 애굽 땅을 떠난 지 삼 개월이 되던 날 그들이 시내 광야에 이르니라"(출애굽기 19:1)

유월절 예식을 마치고 애굽에서 탈출한 이스라엘 백성은 두 달이 지난 후, 즉 유대 달력으로 세 번째 달인 시반 월에 시내산에 도착했다. 시내산은 이스라엘 백성을 인도한 모세가 이집트로 민족을 구원하기 위해 들어가기 전에 떨기나무 불꽃 가운데 계신 하나님을 만나고 출애굽의 사명을 받은 곳이다.

"모세가 그의 장인 미디안 제사장 이드로의 양 떼를 치더니 그 떼를 광야 서쪽으로 인도하여 하나님의 산 호렙에 이르매 여호와의 사자가 떨기나무 가운데로부터 나오는 불꽃 안에서 그에게 나타나시니라 그가 보니 떨기나무에 불이 붙었으나 그 떨기나무가 사라지지 아니하는지라"

(출애굽기 3:1-2)

시내산에서 모세가 하나님을 만나고 새로운 사역이 시작되었듯이, 이제 다시 시내산 앞에 자기 민족을 다 집합하게 해 하나님의 말씀을 받게 된다. 그리고 그 하나님의 음성을 전한다.

"세계가 다 내게 속하였나니 너희가 내 말을 잘 듣고 내 언약을 지키면 너희는 모든 민족 중에서 내 소유가 되겠고 너희가 내게 대하여 제사장 나라가 되며 거룩한 백성이 되리라 너는 이 말을 이스라엘 자손에게 전할지니라"

(출애굽기 19:5-6)

시내산에서 율법을 받고 그에 대한 서약식을 맺은 날은 유대 달력으로 셋째 달인 시반 월에 있었던 사건이다. 이런 엄청난 사건이 아무 의미가 없는 날에 무계획적으로 이루어졌다는 것은 상상도 할 수 없다. 이것은 분명 시반 월(6월경)에 있는 유일한 절기인 오순절에 이루어진 사건일 것이다. 출애굽으로 시작된 이스라엘 백성의 구원은 시내산에서의 율법을 받음으로 일차적인 구원의 완성했다. 이후에는 새 언약의 땅으로의 여정이 시작 되는데 율법의 말씀을 기반으로 약속의 땅 가나안으로 향하게 된다.

구약의 초실절 날 예수님은 부활하셨고 부활 이후 제자들과 40일을 함께 하신 후 감람산 정상에서 승천하셨다. 그러나 승천하시기에 앞서 제자들에게 하나님이 약속하신 성령으로 세례를 받기 위해 예루살렘을 떠나지 말도록 명령을 내리셨다.

"사도와 함께 모이사 그들에게 분부하여 이르시되 예루살렘을 떠나지 말고 내게서 들은 바 아버지께서 약속하신 것을 기다리라 요한은 물로 세례를 베풀었으나 너희는 몇 날이 못되어 성령으로 세례를 받으리라 하셨느니라"

(사도행전 1:4-5)

대부분이 갈릴리 출신인 제자들은 예수님의 이러한 명령이 없었다면 방향을 잃은 채 곧장 갈릴리로 향했을 것이다. 그러나 제자들은 마가의 다락방에 모여 열심히 기도하면서 약속된 성령을 기다렸다. 그리고 10일 후, 정확히 오순절이 되자 약속하신 성령이 폭포수처럼 각 사람에게 임했던 것이다.

"오순절 날이 이미 이르매 그들이 다같이 한 곳에 모였더니 홀연히 하늘로부터 급하고 강한 바람 같은 소리가 있어 그들이 앉은 온 집에 가득하며"(사도행전 2:1-2)

유월절에 일어난 예수님의 십자가 희생을 통해 시작된 인류 구속 사역은 오순절 성령 강림으로 일단락 완성이 되었고, 이후에는 제자들이 성령을 받으면서 새로운 신약시대가 열렸다. 오순절 성령 강림은 새로운 시대에 맞는 새로운 언약의 갱신을 위해 주어진 것이다.

오순절은 구약에서는 하나님께서 모세를 통해 출애굽 한 이스라엘 백성들에게 율법을 주시기 위해 시내 산에 강림하신 날이다. 그러므로 지금도 유대인들은 오순절을 율법 수여절로 지키며, 기독교에서는 오순절 마가 다락방에 있던 백 이십 여명의 제자들에게 성령이 강림하셨기에 성령강림절로 지킨다.

이상 살펴본 것처럼, 성경적으로 맥추절과 오순절은 같은 날이다. 그러나 한국 교회에서는 오순절은 성령 강림절로 지키고, 맥추절은 7월 첫 번째 주일로 구별해서 지킨다. 맥추절에 특별히 '감사'라는 말을 붙여 '맥추 감사절'로 지키면서 가을에 지키는 '추수 감사절'과 같은 '감사절'의 의미를 강조한다. "맥추 감사절"은 보리 수확을 감사한다.

"네 하나님 여호와 앞에 칠칠절을 지키되 네 하나님 여호와께서 네게 복을 주신 대로 네 힘을 헤아려 자원하는 예물을 드리고 너와 네 자녀와 노비와 네 성중에 있는 레위인과 및 너희 중에 있는 객과 고아와 과부가 함께 네 하나님 여호와께서 자기의 이름을 두시려고 택하신 곳에서 네 하나님 여호와 앞에서 즐거워할지니라"(신명기 16:10-11)

오순절에는 소제, 번제, 속죄제, 화목제 그리고 요제, 즉 다섯 가지 제사를 드렸다. 이 날에 성회를 공포하고 아무 노동도 하지 않았다. 오직 하나님과 교제하고 그 은혜만 사모하며, 받아 기리는 날이다.

"이 날에 너희는 너희 중에 성회를 공포하고 어떤 노동도 하지 말지니 이는 너희가 그 거주하는 각처에서 대대로 지킬 영원한 규례니라"(레위기 23:21)

오순절은 성령 강림절로 이른 비에 해당하며 우리는 다시 늦은 비를 기다리고 있다.

"그러므로 형제들아 주께서 강림하시기까지 길이 참으라 보라 농부가 땅에서 나는 귀한 열매를 바라고 길이 참아 이른 비와 늦은 비를 기다리나니"(야고보서 5:7)

이스라엘은 이른 비가 오면 밭을 전부 갈아서 밀과 보리를 심는다. 3, 4월에 늦은 비가 오면 밀과 보리가 자라고 5월이 되면 추수를 한다. 오순절 성령 강림 사건은 구약시대와 신약시대를 나누는 확실한 분기점이 되었다. 구약시대에는 왕, 선지자, 제사장과 같은 특별한 사람들에게만 제한적으로 하나님의 신이 임했지만 오순절 날 폭포수처럼 부어진 성령으로 인해 초대 교회가 탄생했다.

　이제 다시 늦은 비의 추수, 대추수와 대부흥을 기다리며 오순절 마가의 다락방에 임했던 성령의 역사가 우리에게 일어나기를 기다린다. 요한 웨슬리 목사의 성령 강림 회심 사건, 평양의 대부흥 운동, 아주사의 대부흥을 기억하면서 우리는 다시 진정한 칠칠절, 맥추절, 오순절을 기다린다.

나팔절
(喇叭節, The Feast of Trumpet)

나팔절은 음력 7월 1일로 이스라엘의 신년이다. 이 날을 안식일로 지키며 나팔을 분다고 해서 나팔절이라고 한다.

"여호와께서 모세에게 말씀하여 이르시되 이스라엘 자손에게 말하여 이르라 일곱째 달 곧 그 달 첫 날은 너희에게 쉬는 날이 될지니 이는 나팔을 불어 기념할 날이요 성회라 어떤 노동도 하지 말고 여호와께 화제를 드릴지니라"
(레위기 23:23-25)

이스라엘은 크게 두 개의 절기로 나누는데 봄 추수 축제와 가을 추수 축제다. 10월에서 3월까지는 우기이며 이 때는 곡물을 재배한다. 4월에서 9월까지가 건기이고 이 때는 과일을 추수하는 계절이다. 유월절, 무교절, 초실절, 칠칠절(오순절) 이 절기가 다 봄의 절기다.

성소에 보면 떡상이 위(북쪽)에 있고 촛대가 아래(남쪽)에 있다. 떡은 밀이 주재료이고 이 밀은 비구름을 동반한 북 서풍이 불면 풍년이 된다. 그러므로 오순절 기간에 재배를 하는 것이다. 금등대는 감람유를 주재료로 하는데 우리가 흔히 아는 올리브유다. 올리브는 남동풍의 뜨겁고 건조한 바람이 불어줘야 풍년이 된다.

이 추수는 철저하게 하늘의 도움으로 오순절 기간 칠 주간 첫 주는 북서풍 나머지 육주는 남동풍이 불어야 둘 다 잘된다. 곡물을 재배하고 축제를 하는데 이것을 기념하는 것이 칠칠절 또는 오순절이라고 하는데 이날 십계명과 율법 성막설계도를 시내산에서 받고 신약에서는 이 날 성령의 역사가 일어났다.

예수님의 일대기가 신기할 정도로 정확하게 이스라엘 절기와 맞물려 돌아간다. 창세기의 노아에게 무지개 언약을 주신날도 오순절이라는 의견이 있다.

"내가 내 무지개를 구름 속에 두었나니 이것이 나와 세상 사이의 언약의 증거니라"(창세기 9:13)

오순절에 사마리아에 복음을 전하기 시작했다.

"너희는 넉 달이 지나야 추수할 때가 이르겠다 하지 아니하느냐 그러나 나는 너희에게 이르노니 너희 눈을 들어 밭을 보라 희어져 추수하게 되었도다"(요한복음 4:35)

이스라엘 백성이 율법 없이 가나안 땅에 들어갈 수 없었다. 마찬

가지로 예수님은 니고데모에게 물과 성령으로 거듭나지 아니하면 천국에 들어갈 수 없다고 하셨으며, 성령 없이 구원도 천국도 갈 수 없음을 알려주었다. 이제 새 시대를 기대하는 절기 오순절 곡식 추수가 끝나고 과일 추수를 기대했던 그 절기가 시작 된다. 오순절과 나팔절 사이 4개월간의 농사 기간이 있다. 이 기간은 성회가 없고 오직 백성들이 포도송이 열매와 알곡의 수확을 위해 땀 흘리며 농사하는 기간이다.

이것이 성령 받은 사람들이 이제 하나님의 복음 사역을 하는 농사 짓는 모습을 비유적으로 나타내고 있다. 그리고 음력 7월 1일 나팔절을 맞이하게 된다. 한국과 이스라엘의 음력이 한 달 차이가 나니 한국은 음력 8월 1일이 된다.

일곱 번째 날이 안식일이고, 일곱 번째 달이 나팔절이 된다. 이스라엘 백성은 광야 40년 동안 나팔 불 때가 있었다.

첫째는 진(陳)의 이동이 있을 때다.

"은 나팔 둘을 만들되 두들겨 만들어서 그것으로 회중을 소집하며 진영을 출발하게 할 것이라"(민수기 10:2)

둘째는 전쟁의 시작을 알리는 선전포고다.

"만일 나팔이 분명하지 못한 소리를 내면 누가 전투를 준비하리요"(고린도전서 14:8)

셋째는 삼대 절기 월삭, 안식일, 신년. 그리고 신약에서는 주님이 재림하실 때 불었다(마태복음 24:30-31).

"그 때에 인자의 징조가 하늘에서 보이겠고 그 때에 땅의 모든 족속들이 통곡하며 그들이 인자가 구름을 타고 능력과 큰 영광으로 오는 것을 보리라 그가 큰 나팔소리와 함께 천사들을 보내리니 그들이 그의 택하신 자들을 하늘 이 끝에서 저 끝까지 사방에서 모으리라"(마태복음 24:30-31)

그리고 부활과 심판 때에 나팔을 분다.

"주께서 호령과 천사장의 소리와 하나님의 나팔 소리로 친히 하늘로부터 강림하시리니 그리스도 안에서 죽은 자들이 먼저 일어나고 그 후에 우리 살아 남은 자들도 그들과 함께 구름 속으로 끌어 올려 공중에서 주를 영접하게 하시리니 그리하여 우리가 항상 주와 함께 있으리라"

(데살로니가전서 4:16-17)

희년 때도 오순절이 칠 일씩 칠 주가 지난 다음 날이듯, 희년은 칠 년씩 일곱 번 지난 다음 해가 희년이 된다. 이 때는 빚이 다 탕감되고 종이 해방되고 파종도 없고 농사도 없고 모든 토지가 상환된다. 내가 다녔던 미국의 연합신학대학원에서도 이런 행사를 해 학생들의 빚을 다 탕감해 준적이 있다. 이는 실로 메시야의 재림을 상징한다고 볼 수 있다.

예수님이 네 달이 지나면 추수할 때라고 했는데 유월절 양을 사일 간 간직한 다음 잡았고 예수님도 예루살렘에서 사일 간 계시다가 돌아가셨다. 모세는 사십년간 광야에서 있었으며, 예수님은 사십일 금식을 했다. 이 기간은 고난의 숫자다. 성도에게 주어지는 고난을 이기는 자가 재림 때에 승리하는 것이다.

요한계시록에는 끝까지 이긴 자는 천국 잔치 만찬에 참여하게 된다고 했다. 그러나 그 때와 시기는 아무도 모르고 오직 하늘에 계신 아버지만 알고 예수님 본인 자신도 알 수 없다고 말씀하셨다. 교회사적으로 때와 시기를 말하는 집단은 모두가 이단으로 정죄함 받았다.

"그러나 그 날과 그 때는 아무도 모르나니 하늘의 천사들도, 아들도 모르고 오직 아버지만 아시느니라"
(마태복음 24:36)

"그들이 모였을 때에 예수께 여쭈어 이르되 주께서 이스라엘 나라를 회복하심이 이 때니이까 하니 이르시되 때와 시기는 아버지께서 자기의 권한에 두셨으니 너희가 알 바 아니요"(사도행전 1:6-7)

"형제들아 때와 시기에 관하여는 너희에게 쓸 것이 없음은"(데살로니가전서 5:1)

여호와 증인은 1975년 10월 1일 재림이 있을 것이라고 했고, 노스트라다무스는 1999년 7월에 세상의 종말이 올 것이라고 했으며, 안식교도 특정 날짜를 지정했지만 아무런 일도 일어나지 않았다.

구약성경에 나팔소리로 여리고 성이 무너져 사라졌고, 요한계시록에는 일곱 번째 나팔이 불리는 순간 이 세상은 간데없고 새 하늘과 새 땅이 펼쳐진다. 나팔절은 추수 때를 말한다. 추수 때는 종말을 이야기한다.

"가라지를 뿌린 원수는 마귀요 추수 때는 세상 끝이요 추수꾼은 천사들이니"(마태복음 13:39)

이스라엘 백성들이 진을 치고 있을 때에 하나님이 보내주신 구름기둥이나 불기둥이 떠오르면 제사장은 나팔을 불어 이스라엘 진영을 움직였다. 행진의 근거가 하나님의 명령이었고 구체적으로는 제사장의 나팔에 따라서 움직여 나갔다. 다시 말하면 행진에는 두 신호가 있었다. 하나는 하나님의 신호이고 하나는 제사장의 신호였다. 그리고 그 제사장의 신호가 바로 나팔소리였다.

첫째, 제사장 신호는 나팔 소리로 전달된다.

"여호와께서 모세에게 말씀하여 이르시되 은 나팔 둘을 만들되 두들겨 만들어서 그것으로 회중을 소집하며 진영을 출발하게 할 것이라 나팔 두 개를 불 때에는 온 회중이 회막 문 앞에 모여서 네게로 나아올 것이요 하나만 불 때에는 이스라엘의 천부장 된 지휘관들이 모여서 네게로 나아올 것이며 너희가 그것을 크게 불 때에는 동쪽 진영들이 행진할 것이며 두 번째로 크게 불 때에는 남쪽 진영들이 행진할 것이라 떠나려 할 때에는 나팔 소리를 크게 불 것이며 또 회중을 모을 때에도 나팔을 불 것이나 소리를 크게 내지 말며 그 나팔은 아론의 자손인 제사장들이 불지니 이는 너희 대대에 영원한 율례니라 또 너희 땅에서 너희가 자기를 압박하는 대적을 치러 나갈 때에는 나팔을 크게 불지니 그리하면 너희 하나님 여호와가 너희를 기억하고 너희를 너희의 대적에게서 구원하시리라 또 너희의 희락의 날과 너희가 정한 절기와 초하루에는 번제물을 드리고 화목제물을 드리며 나팔을 불라 그로 말미암아 너희의 하나님이 너희를 기억하시리라 나는 너희의 하나님 여호와니라"

(민수기 10:1-10)

제사장의 분 나팔은 은 나팔이었는데 성경에서 은은 귀한 금속으로 묘사된다.

"아브라함에게 육축과 은금이 있으니"(창세기 13:2)

베드로도 앉은뱅이를 일으킬 때 "베드로가 이르되 은과 금은 내게 없거니와 내게 있는 이것을 네게 주노니 나사렛 예수 그리스도의 이름으로 일어나 걸으라"(사도행전 3:6)라고 했다. 여기서 오히려 은을 금보다 먼저 두었다. 은은 생명을 의미한다. 그래서 예수님을 팔 때 금이 아니라 은 30냥을 달아주었다.

"내가 예수를 너희에게 넘겨 주리니 얼마나 주려느냐 하니 그들이 은 삼십을 달아 주거늘"(마태복음 26:15)

"여호와께서 이와 같이 말씀하시되 이스라엘의 서너 가지 죄로 말미암아 내가 그 벌을 돌이키지 아니하리니 이는 그들이 은을 받고 의인을 팔며 신 한 켤레를 받고 가난한 자를 팔며"(아모스 2:6)

성소와 지성소에서 사용하는 성물들은 모두가 금이었다. 그러나 나팔은 은으로 만들었다. 나팔 소리는 생명과 직결되어 있는 소리였기 때문이다. 이 나팔은 두 개를 제작했기에 '두 나팔'로 불렸다. 성경에서 둘은 증인의 수다. 증인은 두 명이어야 한다.

"내가 나의 두 증인에게 권세를 주리니 그들이 굵은 베옷을 입고 천이백육십 일을 예언하리라"(요한계시록 11:3)

그리고 솔로몬 성전 앞에는 두 기둥이 서 있었다. 하나님이 구름기둥과 불기둥으로 떠나라고 하셨음을 증언하는 것이 두 개의 은 나팔이다. 둘은 합력의 수다. 예수님은 제자들을 둘씩 짝지어 보내었다.

"너희 중에 두 사람이 땅에서 합심하여 땅에서 합심하여 무엇이든지 구하면 하늘에 계신 내 아버지께서 저희를 위하여 이루게 하시리라"(마태복음 18:19)

또한 둘은 축복의 수다. 욥은 나중에 두 배의 축복을 받았다.

"욥이 그의 친구들을 위하여 기도할 때 여호와께서 욥의 곤경을 돌이키시고 여호와께서 욥에게 이전 모든 소유보다 갑절이나 주신지라"(욥기 42:10)

그리고 엘리사는 엘리야에게 갑절의 영감이 있기를 간구했다.

"건너매 엘리야가 엘리사에게 이르되 나를 네게서 데려감을 당하기 전에 내가 네게 어떻게 할지를 구하라 엘리사가 이르되 당신의 성령이 하시는 역사가 갑절이나 내게 있게 하소서 하는지라"(열왕기하 2:9)

두 나팔은 증언이요, 합력이며 축복의 수다. 그러므로 두 나팔을 불었다. 이 나팔절은 추수가 시작됨으로 알리는 심판과 재림 부활과 승리를 나타내는 것으로, 교회는 날마다 나팔을 불어야하며, 마지막 나팔 불 때 우리의 이름이 반드시 불려야할 것이다.

대 속죄일
(The Day of Atonement)

레위기 16장의 대 속죄일은 1년에 한번 이스라엘 민족의 죄를 대제사장이 대표해 속죄함을 받는 날이다.

"너희는 영원히 이 규례를 지킬지니라 일곱째 달 곧 그 달 십일에 너희는 스스로 괴롭게 하고 아무 일도 하지 말되 본토인이든지 너희 중에 거류하는 거류민이든지 그리하라 이 날에 너희를 위하여 속죄하여 너희를 정결하게 하리니 너희의 모든 죄에서 너희가 여호와 앞에 정결하리라"

(레위기 16:29-30)

모세의 율법에 의하면 부정을 저지른 자는 성전에 7일간 들어가지 못했다. 대제사장은 대 속죄일이 가장 중요하기에 7일 전에 들어가 살아야했다. 대제사장은 시체를 봐도 대 속죄일 집행을 못했다. 혹, 아내가 죽어도 집행을 못했다. 대 속죄일은 1년 중 한번으로 미국에서 '욤키퍼(Yom Kipper)'라 하여 뉴욕 뉴저지에서 이날을 정식 공휴일로 지정하여 아이들은 학교를 가지 않는 명절이다.

이날은 향을 준비하고, 등잔대 준비하고, 번제단을 준비한다. 대속죄일은 아사셀 양을 잡아 광야에 보내 우리의 죄과를 덮어 쓰고 가서 죽게 버려두는 예식이다. 대 제사장은 아사셀 염소에게 세 번에 걸쳐 신앙고백을 한다.

첫째는 대 제사장 본인과 자기의 권속을 위한 죄로 아사셀 염소가 죽는다고 고백하며, 두 번째는 레위 족속 제사장을 위한 것이고, 세 번째는 이스라엘 전 백성을 위한다고 고백한다. 아사셀은 미드라쉬에 의하면 타락한 천사로 전해진다. 세례 요한은 이 아사셀 염소가 바로 예수라고 증언한다.

> "이튿날 요한이 예수께서 자기에게 나아오심을 보고 이르되 보라 세상 죄를 지고 가는 하나님의 어린 양이로다"
>
> (요한복음 1:29)

죄를 사하는 제사는 속죄제인데 이는 개인의 죄를 용서받기 위한 제사이며 수시로 드렸다. 반면 대 속죄일은 국가적, 민족적 제사이며, 1년에 한번 드려지는 전체적인 제사다. '속죄'라는 말이 구약에 1백회 정도 언급되며 레위기 16장에만 30여회가 나온다. 원어로는 '코페르(kopher)'로 '덮어 주다'는 뜻이며, '1년 동안의 모든 죄를 덮어준다'는 뜻이 있다.

이제 우리는 예수를 통하여 단번에 죄 사함을 받고 그 안에 거한다는 전제하에 죄에서 자유함을 얻게 되었다.

"그러므로 남을 판단하는 사람아, 누구를 막론하고 네가 핑계하지 못할 것은 남을 판단하는 것으로 네가 너를 정죄함이니 판단하는 네가 같은 일을 행함이니라 이런 일을 행하는 자에게 하나님의 심판이 진리대로 되는 줄 우리가 아노라"(로마서 2:1-2)

죄인이었던 우리가 그로 죄 사함을 받았으니 우리는 어린양 되신 예수 그리스도의 대 속죄 사건에 감사하며 우리도 이제 이웃을 용서하는 삶을 살아야할 것이다.

"긍휼히 여기는 자는 복이 있나니 그들이 긍휼히 여김을 받을 것임이요"(마태복음 5:7)

1만 달란트 탕감 받은 자가 백 데리나리온을 탕감하지 않고 옥에 넣는 것을 보고, 1만 달란트 탕감하신이가 그를 다시 옥에 넣는다는 말씀이 있다.

"그러므로 천국은 그 종들과 결산하려 하던 어떤 임금과 같으니 결산할 때에 만 달란트 빚진 자 하나를 데려오매 갚을 것이 없는지라 주인이 명하여 그 몸과 아내와 자식들과 모든 소유를 다 팔아 갚게 하라 하니"(마태복음 18:23-25)

예수 그리스도의 십자가 구속의 은혜를 기억하면서 우리 이웃과 형제들을 용서하는 마음을 배워야할 것이다.

"우리에게 있는 대 제사장은 우리의 연약함을 동정하지 못하실 이가 아니요 모든 일에 우리와 똑같이 시험을 받으신 이로되 죄는 없으시니라"(히브리서 4:15)

"그가 죽으심은 죄에 대하여 단번에 죽으심이요 그가 살아 계심은 하나님께 대하여 살아 계심이니"(로마서 6:10)

"그는 저 대제사장들이 먼저 자기 죄를 위하고 다음에 백성의 죄를 위하여 날마다 제사 드리는 것과 같이 할 필요가 없으니 이는 그가 단번에 자기를 드려 이루셨음이라" (히브리서 7:27)

"너희가 각각 마음으로부터 형제를 용서하지 아니하면 나의 하늘 아버지께서도 너희에게 이와 같이 하시리라" (마태복음 18:35)

초막절
(草幕節, The Feast of Tabernacles)

"너희는 매년 이레 동안 여호와께 이 절기를 지킬지니 너희 대대의 영원한 규례라 너희는 일곱째 달에 이를 지킬지니라 너희는 이레 동안 초막에 거주하되 이스라엘에서 난 자는 다 초막에 거주할지니 이는 내가 이스라엘 자손을 애굽 땅에서 인도하여 내던 때에 초막에 거주하게 한 줄을 너희 대대로 알게 함이니라 나는 너희의 하나님 여호와이니라 모세는 이와 같이 여호와의 절기를 이스라엘 자손에게 공포하였더라"(레위기 23:41-44)

초막절은 이스라엘 음력으로 7월 15일으로 한국의 음력으로는 8월 15일이다. 한국의 추석과 같은 날이다. 추수 감사, 초막 감사라는 의미와 거의 대동소이하다. 하나님은 이스라엘을 구원한 후에 초막에 거하게 하셨는데 세 번에 걸쳐 초막에 거처하셨다.

초막은 첫째, 애굽에서 구원한 의미를 가지고 있다.

"야곱은 숙곳에 이르러 자기를 위하여 집을 짓고 그의 가축을 위하여 우릿간을 지었으므로 그 땅 이름을 숙곳이라 부르더라"(창세기 33:17)

나는 오래전 미국의 유대인 집성촌 근처에 살았던 적이 있었다. 해마다 한국의 추석 때가 되면 유대인들이 집 마당에 초막이나 텐트를 쳐 초막절 준비를 하고 거기에서 지내는 모습을 보았다. 이날은 아주 기쁜 날로 과일을 모아놓고 먹고 마시고 즐기는 축제의 날이며, 주님과 즐겁게 잔치하는 날이다.

"너의 가운데 모든 남자는 일 년에 세 번 곧 무교절과 칠칠절과 초막절에 네 하나님 여호와께서 택하신 곳에서 여호와를 뵈옵되 빈손으로 여호와를 뵈옵지 말고 각 사람이 네 하나님 여호와께서 주신 복을 따라 그 힘대로 드릴지니라"(신명기 16:16-17)

무교절은 마짜 보리 감사를 하는 날이며, 칠칠절은 밀 감사를 하고, 초막절(수콧)은 다섯 가지 과일에 대한 감사를 한다. 유대인들은 일반적으로 무교절, 오순절, 초막절을 가장 중요한 3대 명절로 여기며, 1년에 3번 예루살렘을 방문하게 되어있다.
초막절은 절기의 마지막이며 이 추수는 마지막 추수를 말한다.

"밭은 세상이요 좋은 씨는 천국의 아들들이요 가라지는 악한 자의 아들들이요 가라지를 뿌린 원수는 마귀요 추수 때는 세상 끝이요 추수꾼은 천사들이니 그런즉 가라지를 거두어 불에 사르는 것 같이 세상 끝에도 그러하리라"

(마태복음 13:38-40)

밭은 '세상'이요, 추수 때는 '세상 끝'이요, 추수꾼은 '천사들'이니, 우리는 마지막에 대추수와 대부흥을 꿈꾼다. 그리고 마지막 세상 끝에는 가라지를 태운다고 말씀하셨으니 우리는 가라지가 아니라 알곡이 되어야한다. 이는 우리의 신앙이 젖먹이 신앙이 아니라 장성한 분량의 신앙이 되어야 함을 말한다. 그리고 종말에 철장으로 우리를 내려치고 핍박한다할지라도 깨지지 않는 그릇이 되어야할 것을 권고하고 있다.

"그가 철장을 가지고 그들을 다스려 질그릇 깨뜨리는 것과 같이 하리라 나도 내 아버지께 받은 것이 그러하니라"

(요한계시록 2:27)

"또 다른 천사가 성전으로부터 나와 구름 위에 앉은 이를 향하여 큰 음성으로 외쳐 이르되 당신의 낫을 휘둘러 거두소서 땅의 곡식이 다 익어 거둘 때가 이르렀음이니이다 하니 구름 위에 앉으신 이가 낫을 땅에 휘두르매 땅의 곡식이 거두어지니라 또 다른 천사가 하늘에 있는 성전에서 나오는데 역시 예리한 낫을 가졌더라 또 불을 다스리는 다른 천사가 제단으로부터 나와 예리한 낫 가진 자를 향하여 큰 음성으로 불러 이르되 네 예리한 낫을 휘둘러 땅의 포도송이를 거두라 그 포도가 익었느니라 하더라"

(요한계시록 14:15-18)

초막절을 지키지 않는 자들에게는 성경에 비를 내리지 않는다고 하셨다. 감사하지 않는 자에게 하늘의 은혜는 없는 것이며 추수할 것이 없는 자, 그들에게는 비가 없으므로 있는 자는 더 갖게 되고, 없는 자는 있는 것도 빼앗기게 되는 것이다.

"예루살렘을 치러 왔던 이방 나라들 중에 남은 자가 해마다 올라와서 그 왕 만군의 여호와께 경배하며 초막절을 지킬 것이라 땅에 있는 족속들 중에 그 왕 만군의 여호와께 경배하러 예루살렘에 올라오지 아니하는 자들에게는 비를 내리지 아니하실 것인즉"(스가랴 14:16-17)

요한복음에 나오는 명절 끝 날은 초막절을 말하며, 이 날 생수의 강이 나올 것을 예시했다. 이것은 성령을 말하며 초막절과 성령, 구원의 방주 크기와 천년왕국 간에 서로 밀접한 연관 관계를 가지고 있다.

"내가 들으니 보좌에서 큰 음성이 나서 이르되 보라 하나님의 장막이 사람들과 함께 있으매 하나님이 그들과 함께

계시리니 그들은 하나님의 백성이 되고 하나님은 친히 그들과 함께 계셔서"(요한계시록 21:3)

"그 성은 네모가 반듯하여 길이와 너비가 같은지라 그 갈대 자로 그 성을 측량하니 만 이천 스다디온이요 길이와 너비와 높이가 같더라 그 성곽을 측량하매 백사십사 규빗이니 사람의 측량 곧 천사의 측량이라"(요한계시록 21:16-17)

"명절 끝날 곧 큰 날에 예수께서 서서 외쳐 이르시되 누구든지 목마르거든 내게로 와서 마시라"(요한복음 7:37)

요한복음에 '말씀이 육신에 거하신다'는 성육신 말씀도 초막에 비춰볼 수 있다. 오늘날 우리가 장막이고 초막이니 그 말씀의 씨앗이 우리에게도 임해서 초막절의 완성을 이뤄야한다.

"말씀이 육신이 되어 우리 가운데 거하시매 우리가 그의 영광을 보니 아버지의 독생자의 영광이요 은혜와 진리가 충만하더라"(요한복음 1:14)

하나님이 정하신 때는 유월절, 무교절, 초실절, 오순절, 나팔절, 대속죄일, 초막절로 마무리된다. 이 초막은 하늘의 장막이며, 추수의 장막이며, 생수의 장막이 된다. 2000년간 나라 없던 이스라엘 민족이 이 절기를 지키며 민족의 정체성을 잃어버리지 않은 것처럼 우리 또한 하나님께서 지키라고 명령하신 이 절기들을 지켜 기억해야할 것이다.

또한 이 절기를 따라 예수님의 죽으심과 부활하심 그리고 성령의 임재 사건이 일어난 것처럼 우리는 이제 대추수와 대부흥을 바라보며 감사와 믿음 그리고 구원이 함께 연관되어져 있음을 보고, 믿음으로 구원 받고 구원받는 자의 숫자가 날마다 더해지는 것을 눈으로 보아야할 것이다.

"그 중의 한 사람이 자기가 나은 것을 보고 큰 소리로 하나님께 영광을 돌리며 돌아와 예수의 발 아래에 엎드리어 감사하니 그는 사마리아 사람이라 예수께서 대답하여 이르시되 열 사람이 다 깨끗함을 받지 아니하였느냐 그 아홉은 어디 있느냐 이 이방인 외에는 하나님께 영광을 돌리러 돌아온 자가 없느냐 하시고 그에게 이르시되 일어나 가라 네 믿음이 너를 구원하였느니라 하시더라"(누가복음 17:15-19)

"이는 내 영혼을 음부에 버리지 아니하시며 주의 거룩한 자로 썩음을 당하지 않게 하실 것임이로다"(사도행전 2:27)